미래식당으로 오세요

식당의 한계를
넘어선
작은 정식집의
독특하고 합리적인
경영 이야기

미래식당으로 오세요

고바야시 세카이 지음
이해란 옮김

지식너머

"이래저래 생각이 많았는데 진짜 시작해 보려고요."

반가운 소식을 전해주셔서 감사합니다. 앞으로 고생문이

열리겠군요.

저도 미래식당을 시작했을 때는 당신처럼 고민하고 멈춰서

기 일쑤였습니다. 그럴 때 어떻게 극복했는지, 그것을 알리

는 일이 새롭게 시작하는 당신에게 무엇보다 값진 응원이

되리라는 믿음으로 펜을 잡았습니다.

당신을 응원합니다.

이 마음이 조금이나마 전달된다면 더없이 기쁘겠습니다.

목차

새로운 일을 시작하는
당신에게 ─────────────────────

처음 뵙겠습니다. 저는 도쿄 지요다구 진보초에 있는 미래식당 주인 고바야시 세카이입니다.

미래식당은 저 혼자 꾸려나가는 작은 정식집입니다. 조리대와 카운터석 12개만으로 이루어져 있죠. 혼자 꾸려나간다니 힘들겠다 싶은가요? 사실은 연간 총 450여 명 정도가 미래식당에 아르바이트를 하러 찾아오고 있습니다. 미래식당에는 '한끼 알바'라는 시스템이 있어 50분 일을 하면 한 끼가 무료거든요. 한 번 가게를 방문했던 손님이라면 누구나 한끼알바를 할 수 있기 때문에 많은 분이 찾아와 일을 도와주고 있습니다. 한끼알바를 하러 오는 분들은 요리를 잘하고 싶은 사람, 음식점 창업을 꿈꾸는 사람, NPO_{Nonprofit Organization, 비영리 단체} 주재자, 학생 등 다양합니다.

이토록 다양한 사람이 미래식당에서 일을 돕는 이유는 제 경력과도 관계가 있습니다. 제가 음식점과는 일견 무관해 보이는 이과 출신 엔지니어이기 때문이죠. 저는 도쿄공업대학 수학과를 졸업한 뒤 일본 IBM과 쿡패드_{Cookpad, 레시피 검색 포털}에서 IT 엔지니어로 일했습니다. 이후 회사를 그만두고 업종이 다른 요식업계에 미래식당을 차렸는데, 창업 당시부터 "이과 출신 엔지니어의 사고방식이 반영된 참신한 식당"으로 화제를 모았죠. 신문, 텔레비전, 인터넷에도 자주 오르내려 전국 방방곡곡 많은 분이 찾아오게 되었습니다.

미래식당에는 비단 요식업계뿐 아니라 새로운 일을 하고 싶거나 창업을 희망하는 분들이 많이 찾아옵니다. 이곳에서 일을 도우며 미래식당의 운영 방식을 보고 배우는 것 같습니다. 제가 음식점에 IT 업계의 일하는 방식을 접목해 새로운 시스템을 만들었기 때문이겠죠. 미래식당을 체험하러 온 분들이 이곳을 관찰하듯 저 역시 그들을 살펴봅니다.

그러던 어느 날, 저는 새로운 일을 하고 싶어서 고민하는 분들의 사고방식과 행동에 공통된 습관이 있다는 점을 깨달았습니다. 이를테면 '이런 일을 하고 싶다'라는 생각은 있지만 구상이 애매하거나 제대로 언어화하지 못한다는 점입니다.

그런 분들을 볼 때마다 조금씩 해드렸던 이야기를 정리한 글이 바로 이 책입니다. 저도 당신과 마찬가지로 번번이 고민하고 멈추어섭니다. 그럴 때 어떻게 극복했는지, 그것을 알리는 일이 새롭게 시작하는 당신에게 무엇보다 값진 응원이 되리라는 믿음으로 펜을 잡았습니다.

이 책은 먼저 출간된 《미래식당이 만들어지기까지》와 《당신의 보통에 맞추어 드립니다》에 이은 저의 세 번째 책입니다. 《미래식당이 만들어지기까지》는 제목 그대로 미래식당이 문을 열기까지 쓴 일기를 엮은 책입니다. 실제로 제가 새로운 일을 시작했을 때 어떻게 생각하고 행동했는지 당시의 일기를 돌아보며 간접적으로 경험할 수 있습니다. 《당신의 보통에 맞추어

드립니다》는 미래식당에 관심 있는 분들을 위해 미래식당의 시스템과 경영 철학을 쓴 책입니다.

그리고 세 번째 책 《미래식당으로 오세요》는 미래식당이라는 음식점의 테두리를 넘어 '새로운 일을 시작하는 사람에게 전하고 싶은 이야기'에 초점을 맞추었습니다. 미래식당에 한끼알바를 하러 온 기분으로 다양한 것들을 배우고 깨닫는 시간이 되길 바랍니다.

그럼 시작하겠습니다.

미래식당 주인

고바야시 세카이

서장

누구나 올 수 있고,
누구에게나 어울리는

식당

2015년 9월 문을 연 미래식당은 작은 정식집이다. 미래식당을 아는 사람들에게는 이미 익숙한 이야기겠지만 아직 모르는 분들을 위해 미래식당의 몇 가지 특징을 소개한다.

메뉴는 매일 바뀌는
정식 한 가지

'손님이 먹고 싶은 음식을 선택한다'는 의미에서 보면 미래식당에는 메뉴가 없다. 매일 바뀌는 정식 하나만을 내놓기 때문이다. 똑같은 메뉴를 되풀이하지 않고 여름에는 차갑게 식힌 조림을, 겨울에는 소고기무조림을 내는 식으로 계절에 따라 조리법과 식자재를 달리한다. 햄버그스테이크처럼 인기가 많은 메뉴는 다시 만들기도 하지만 기본적으로 2개월은 간격을 두고 계절에 맞게 변화를 준다. 같은 햄버그스테이크 정식일지라도 여름에는 무를 갈아서 섞은 폰스 소스를 뿌려서 내고, 겨울에는 소스에 조려서 낸다.

음식이 나오는 시간,
3초

메뉴가 하나밖에 없으니 주문을 받을

필요도 없다. 자리에 앉자마자 식사를 시작할 수 있어 밥 먹기 편한 가게라며 다시 방문하는 손님이 상당히 많다. 음식을 기다리지 않아도 돼 손님이 부담을 느끼지 않고, 가게에 머무르는 시간도 짧아진다. 결과적으로 점심시간은 평균 4.5회전, 최고 7회전을 기록하는 등 매우 효율적인 정식집으로 많은 사람의 주목을 끌게 되었다. 한 텔레비전 방송에서는 "가게에 들어간 지 6초만에 식사가 나온다"라고 소개한 적도 있다.

맞춤반찬

메뉴는 하나뿐이지만 저녁부터는 '맞춤반찬' 시스템을 이용할 수 있다. 미래식당은 일반 음식점에서 주는 메뉴판 대신 '냉장고 안에 있는 재료 목록'을 준비해 두는데, 맞춤반찬을 주문하고 싶은 손님은 목록에서 두 가지 정도 재료를 고른 뒤 "볶아주세요" 같이 원하는 조리법을 요청하면 된다.

"따뜻한 수프가 먹고 싶어요", "오늘은 좋은 일이 생겼으니 축하 요리로 부탁합니다" 등 몸 상태나 기분에 맞춘 주문도 가능하다. 맞춤반찬의 가격은 일률적으로 400엔. 손님에게 요리를 메뉴 형식으로 제공하면 식자재가 한 가지만 떨어져도 나머지 재료들을 쓰지 못해 손실이 발생한다. 그러나 맞춤반찬은 그때그때 냉장고에 있는 재료를 활용하는 방식이라 손실이 발생하지 않는다. 손님 입장에서 보면 자기만을 위한 요리를 만들어 준다는 특별한 기분도 느낄 수 있다.

한끼알바

앞서 말했다시피 미래식당의 종업원은 나 하나밖에 없다. 그렇지만 가게 일을 50분 도우면 한 끼가 무료로 제공되는 '한끼알바' 시스템이 있어 사실상 한끼알바를 하는 사람과 함께 가게를 꾸려 나가는 셈이다. 한끼알바는 미래식당을 한 번 이상 방문한 손님이라면 누구나 가능하고, 가게 문을 열기 전부터 닫은 후까지 하루 최대 7회로 제한한다. 한끼알바를 체험하려는 사람, 음식점을 창업하려는 사람, 미래식당의 경영철학을 본인 사업에 활용하려는 사람 등 다양한 사람이 한끼알바를 하러 찾아온다.

창업하고 미래식당에서 일한 한끼알바생은 연간 450명 남짓하다. 한끼알바생이 한 명도 없는 날은 한 달에 하루 있을까 말까 할 정도로 대부분은 누군가 있다.

한끼알바 시스템은 내가 노하우를 배우러 다니던 시절 "무급이라도 좋으니 3개월간 일하게 해주세요. 언젠가 제 가게를 열고 싶습니다"라고 부탁하면 "3개월이나 1년쯤 일해서는 못

배우지"라며 수차례 문전박대를 당한 경험을 계기로 만들었다.

그 당시 나는 강한 의문이 들었다.

'의욕 넘치는 젊은이가 1년을 일하고도 배울 수 없다면 기본 시스템이 잘못된 거 아닌가? 3개월이 아니라 한 달, 일주일, 하루, 심지어 단 한 시간이라도 분명 도움이 되는 부분이 있을 텐데.'

그래서 누구나 50분 단위로 참여할 수 있는 시스템을 만들게 되었다.

가게를 방문한 손님과의 인연이 쭉 이어지기를 바라는 마음도 크다. 설령 돈이 없을지라도 미래식당에서 50분간 일을 도우면 따뜻한 밥을 먹을 수 있다. 어려움에 처했을 때 미래식당을 떠올려 주면 좋겠다는 마음이다.

창업 당시부터 도입했으니 한끼알바를 시작한지도 3년이 지났다. "정말 곤란해서 한끼알바를 하는 사람이 있나요?"라는 질문을 자주 받는데, 아직은 없는 듯하다. 다만 내 추측이 실제와 일치하는지는 잘 모르겠다. 어떤 사람이 자신의 힘든 처지를 굳이 드러내겠는가. 일개 인간인 나로서는 누가 곤경에 처한 사람인지 알 재간이 없다. 하지만 몰라도 상관없다. 핵심은 누구나 받아들이는 것이지 그 사람이 어떤 형편인가를 판단하는 것이 아니다.

누구나 올 수 있고, 누구에게나 어울리는 식당

무료 식권

　　　　　미래식당 입구 옆에는 '무료 식권'이
붙어 있다. 무료 식권은 한끼알바생이 자기 몫으로 받은 한 끼를
다른 사람을 위해 남겨놓은 것으로 필요한 사람은 누구나 사용
할 수 있다.

　내가 알기로 지금 일본에서 누구에게나 한 끼가 무료인 시
스템을 도입한 음식점은 미래식당을 포함해 몇 곳밖에 안 된다.
그곳 모두 화폐에 의존하지 않는 새로운 경영방식으로 주목을
받고 있다.

음료 반입

　　　　　미래식당에서 파는 음료는 가끔 두는
맥주를 제외하면 일본주 한 종류가 전부이다. 그 대신 음료를
자유롭게 가져올 수 있는데, 가져온 양의 절반은 가게나 다른
손님에게 기부해야 한다. 가끔 두는 맥주도 사실 손님이 기부한
맥주를 한 병당 400엔에 내놓는 것이다.

　음료 반입에 대한 요금도 받지 않는다. 이래서야 음료로 얻
는 이익이 전혀 없을 듯싶지만 손님 입장에서 생각하면 그렇지
않다. '이곳에 오면 생판 남에게 뭔가를 받는 신기한 경험을 할
수 있다'라는 특별함을 느낀다. 그 덕에 회사가 밀집한 곳에 위

치한 미래식당은 인적이 드문 밤에도 멀리서 손님이 찾아오는
가게가 되었다.

월말 결산, 사업 계획서 공개

	매출액	원가율
6월	123만 5000엔	24%
7월	118만 9000엔	26%

미래식당 월말 결산 내역(2016년)

　미래식당은 월 매출액과 원가율을 블로그 '미래식당 일기'
에서 공개한다. 창업 당시 작성한 사업 계획서 원본도 인터넷상
에서 공개했다. 단순히 공개하는 데 목적이 있다기보다 손님에
게 미래식당에 대한 이해를 구하고, 요식업계의 경영 전반에 공
헌하기 위해서이다.
　과거에 나는 IBM과 쿡패드에서 근무한 IT 엔지니어였다.
IT 엔지니어의 세계에서는 자기가 가진 지식과 작품을 공개하
여 누구나 그것을 비판하고 수정할 수 있도록 하는 '오픈소스
Open Source'적 사고방식이 일반적이다. 나는 IT 엔지니어로 일하
던 시절에도 이 방식이 마음에 쏙 들었다. 그래서 요식업계에서

도 '지식을 은폐하여 승자가 되는 방식'이 아니라 '지식을 공유하여 업계 전체를 개선하는 방식'을 취하기로 결정했다.

사업 계획서와 월말 결산 공개는 꿈에도 생각지 못한 큰 화제를 불러일으켰다. 앞서 언급했듯이 나는 그저 '업계 전체를 개선하고 싶고, 사업을 시작하는 사람에게 참고가 되길' 바라는 마음에 공개를 결정했다. 홍보는 본래 목적이 아니었다. 그러나 지금은 "사업 계획서를 보고 왔어요"라고 말씀하시는 손님이 꽤 많다. 인터넷을 비롯한 여러 매체에서 월말 결산과 사업 계획서를 공개하는 미래식당의 투명성을 기사화하는 일도 빈번하다.

누구나 올 수 있고
누구에게나 어울리는 장소

사업 투명성과 독특한 시스템으로 먼저 유명해졌지만 미래식당의 경영 철학은 '누구나 올 수 있고 누구에게나 어울리는 장소'이다. 나는 누구나 자신이 원하는 대로 요리를 주문할 수 있는 맞춤반찬과 누구나 할 수 있는 한끼알바를 통해 미래식당의 경영 철학을 전파하고 싶다. 그런 너그러운 장소가 존재한다는 사실을 널리 알리고 싶다.

이런 경영 철학을 다양한 형태로 실현하기 위해 '살롱 18금'

도 개최하고 있다. 살롱 18금이란 월 1회 열리는 회원제 모임으로 18세 '미만'인 사람만 회원이 될 수 있다.

여기까지가 미래식당의 특징이다. 색다른 시스템에 놀란 사람도 많겠지만 사실 하나하나 들여다보면 기존의 것을 다르게 바라본 데 불과하다는 점을 알 수 있을 것이다.

손님이 일을 하는 신기한 식당이라고 느끼는 것은 자유다. 그렇지만 돈이 없어서 밥값을 설거지로 대신하는 이야기는 옛날에도 흔했다.

미래식당이 도전하는 것처럼 옛날부터 존재해온 일을 새로운 시각에서 바라보고, 독자적으로 운영하려면 몇 가지 요령이 필요하다. 그 요령을 배우고자 한끼알바를 하러 오는 사람도 많다. 각양각색의 한끼알바생이 감탄한 요령을 돌아보면서 나의 노하우를 이 책에서 풀어놓고자 한다.

1장

시작하기 전
알아둘 것
–

사고방식

잘된다는 것 ─────────────

하고 싶은 일은 있지만 어떻게 시작해야 할지 막막해서 이 책을 손에 든 사람이 있을지도 모른다. 아이디어는 있지만 구상한 대로 진행되지 않아 좌절하거나 잘 안될까 싶어 단념하는 일이 세상에는 비일비재하다.

그렇다면 어떻게 해야 잘될 수 있을까?

잘되기 위해 반드시 완벽한 계획을 세울 필요는 없다. 어느 정도 계획을 스케치만 해도 실행할 때 따르는 장벽을 훨씬 낮출 수 있다.

그럼 스케치는 어떻게 해야 할까.

불안이 가시지 않을 때는 먼저 무엇을 생각해야 할까.

나는 미래식당을 시작해야겠다고 마음먹었을 때 생각하면 할수록 고민이 많아졌다.

'이미 세상에는 음식점이 많은데⋯. 나는 요리 솜씨도 뛰어나지 않잖아.'

'벌이가 신통치 않아도 일단 창업하고 나면 쉽게 그만둘 수 없겠지.'

'내가 쓰러지기라도 하면 가게는 어떡하지?'

자꾸 이런 생각들만 하면서 속을 새카맣게 태웠다.

나쁜만이 아니다. 요리 솜씨와 경험이 충분해도 '나 같은 사람이 무슨….' 이라며 창업을 망설이는 사람이 수두룩하다. 아무래도 불안한 마음은 다들 똑같은 모양이다.

어떻게 해야 첫걸음을 내딛을 수 있을까?

이번 장에서는 시작을 고민하는 사람들에게 내가 늘 조언하는 내용을 정리해 소개한다.

하고 싶은 이유를 찾는다 ━━━━━━━

　무엇인가 새로운 일을 시작하고 싶어하는 한끼알바생에게 상담 요청을 자주 받는다. 막상 들어보면 대부분 이미 어디선가 본 듯한 내용이다. 설명을 마친 한끼알바생이 "세카이 씨 생각은 어떠세요?" 라고 의견을 구해도 별 감흥이 일지 않으니 "글쎄요"라고 대답하고 하던 일로 되돌아가곤 한다.

　처음에는 똑같은 아이디어만 나오는 상황이 신기했다. 특히 '사람을 잇고 지역을 살리는' 유형의 아이디어가 단골로 등장한다. 왜일까? 그들의 아이디어가 세상에서 옳다고 여겨지는 개념을 조각조각 이어붙인 패치워크에 지나지 않기 때문이다.

　무의식중에 'A와 B라면 세상 사람들은 B를 더 선호하겠지' 라는 생각으로 일반 대중이 원하는 쪽을 선택하지 않았을까?

　당신이 세상 속에서 느낀 '불편'을 모두가 이해할 수 있는 수준까지 구체화하여 그림으로 그려내면 오직 당신만 할 수 있는 일이 보일 것이다.

　한끼알바생의 이야기에서 '그 누구도 아닌 자신이 하고 싶은 이유'를 찾지 못했기에 기시감이 들고, 내 의견을 말하지 못한 것이다.

당장은 불가능해도
노력하면 결과가 달라진다 ——————

　"노력하면 된다"라고 말하면 불편하게 느껴질 수 있겠지만 내가 전하고자 하는 본뜻은 '노력하지 않으면서 불가능하다고 한숨짓는 태도는 안이하다'라는 것이다.

　나는 수학과를 졸업한 데다 직장을 다니느라 퇴사하고 나서야 뒤늦게 요리를 배우기 시작했다. 이런 이야기를 하면 으레 "요리랑은 전혀 접점이 없었는데 왜 음식점을 선택했나요?"라는 질문을 받는다.

　요리 분야에 몸담기는커녕 요리와 무관했을지라도 배움에 힘을 쏟으면 만회는 가능하다. 나 같은 경우는 1년 반 동안 여섯 업종의 음식점에서 일하고, 수백 권에 달하는 요리책을 읽으며 실력을 길렀다. 지금도 휴일에는 돈을 들여서 고급 음식점에 다닌다. 한 가지라도 기술을 더 배워서 미래식당의 '매일 바뀌는 정식'을 실현하기 위해 고군분투하는 중이다.

　고등학교 때는 문과였지만 1년을 재수해서 도쿄공업대학에 합격했다. 이과 공부를 갓 시작한 재수 초반에는 화학의 기초 중에서도 기초인 벤젠고리를 몰라 "이 육각형은 무엇인가요?"라고 질문했다가 웃음을 산 적도 있다. 손이 닿는 범위의

　　　　　　　　　시작하기 전 알아 둘 것 – 사고방식

공부를 반복하는 동안 이해도가 진도를 따라잡았고, 나중에는 내 질문에 대답할 수 있는 사람이 한 줌의 박사 과정 지도 교수 밖에 없는 상황에 이르렀다.

쿡패드에 이직할 때도 동료들은 나를 말렸다. "덧셈 프로그램조차 작성할 줄 모르는 세카이 씨한테는 무리예요"라는 소리마저 들었지만 머리를 너무 굴려서 토할 지경이 될 때까지 공부했고, 결국 입사 제의를 받았다. 이직을 마음먹고부터 점심시간마다 내 양손은 프로그래밍 언어를 타이핑하느라 키보드에 묶여 있었다. 매일 점심도 사내 매점에서 햄버거로 때웠다. 면접에서는 그간 공부한 참고서를 보스턴백에 한가득 담아 "이걸 전부 공부했습니다"라고 말해서 면접관이 할 말을 잊게 만들었다.

노력하지도 않으면서 불가능하다고 한숨만 쉬는 태도는 안 이하다. 개인적으로는 정말 그렇다고 확신한다. 나는 남들보다 이해가 늦거나 사전 지식이 없으면 그만큼 노력하는 양을 늘렸다. 하지만 내가 들이는 노력은 주위에서 보면 대체로 말문이 막힐 정도여서 나와 똑같은 수준의 노력을 다른 사람에게 바라지는 않는다.

다만 당신이 '나는 노력하지 않았어'라고 느낀다면 "더 노력하면 된다"라는 말을 해주고 싶다. '이만큼 하면 후회는 없겠다' 싶은 수준까지 스스로 노력할 수 있다면 무슨 일에 도전한들 후회는 남지 않을 것이다.

상식을 해체한다 ──────────

"보통 XX로 하니까 우리도 XX로 하자."

새로운 일을 시작할 때 자기도 모르게 이런 생각에 빠져든 적은 없는가? 물론 대다수가 따르는 방식은 합리성과 필연성이 높다. 그렇기에 널리 알려진 '상식'이 되었겠지만 속을 들여다보면 반드시 그렇지도 않다.

내가 미래식당을 구상하면서 의문을 느꼈던 상식은 '왜 음식점에는 메뉴가 있을까?'였다. 물론 메뉴가 있어야 손님이 먹고 싶은 음식을 골라서 주문할 수 있다. 그러나 메뉴로 손님의 입맛을 만족시키려면 가짓수가 늘어나게 마련이고, 자연히 준비해야 할 식자재도 늘어난다. 중요한 것은 '손님의 입맛을 만족시키는 것'이다. 그것만을 생각하면 메뉴가 없더라도 손님이 원하는지 묻고 그대로 조리하면 된다. 미래식당의 맞춤반찬은 이런 발상에서 나왔다.

더구나 메뉴(손님의 선택지)가 없으니 주문을 받는 과정이 생략되어 기다리지 않고 곧장 식사를 시작할 수 있다. 맞춤반찬은 밤에만 실시한다. 바쁜 낮에는 선택지 대신 신속한 식사 제공으로 손님의 만족도를 높이고 한가한 밤에는 맞춤반찬으로 일대일 응대를 한다.

상식에 얽매여 있는
음식점

상식을 하나부터 열까지 부정하라는 것이 아니다. '왜 그런 형태가 존재하는지' 의문이 드는 상식은 그냥 지나치지 말아야 한다. 매일 바뀌는 정식 한 가지도 상식을 의심하는 과정에서 탄생했다.

미래식당을 열기 전에 일했던 어느 정식집은 매일 한정 수량으로 '오늘의 정식'을 팔았다. 일반 메뉴보다 100엔가량 저렴해 손님에게 인기가 많았다. 개점 직후에 방문하는 손님은 거의 모두(95퍼센트 정도) 오늘의 정식을 주문했다.

모두 똑같은 요리를 주문하면 주방의 움직임이 간소해진다. 특히 개점 직후부터 30분가량은 특히 일하기가 수월했다. 오늘의 정식 메뉴가 돈가스덮밥이라면 돈가스는 미리 튀기고, 달걀은 가까운 곳에 준비해 두면 말 그대로 속전속결이다.

그렇다고는 하나 오늘의 정식은 수량이 한정된 탓에 금방 품절된다. 그럼 그때부터 생산성이 뚝 떨어진다. 카레가 데워졌다 싶으면 가스레인지 위에 둔 냄비를 치우고 후식용 커피를 준비하기 위해 주전자에 물을 끓인다. 냉샤브샤브 주문이 들어오면 높은 선반에 놓인 유리 그릇을 꺼낸 뒤 재료를 가지러 냉장고로 이동한다. 이래저래 시간이 지체되어 10분 넘게 기다리다가 그냥 나가버린 손님도 있다. 단언하건대 일하는 사람도 손님도 만족스럽지 않았다. 보다 못한 내가 점장에게 물었다.

"다들 오늘의 정식만 주문하세요. 수량을 더 늘리는 편이 낫지 않을까요?"

"오늘의 정식은 값이 싸니까 그것만 시켜 대면 손해야."

대답을 듣고 내심 경악했다. 그런 이유라면 손해를 보지 않는 적당한 가격으로 오늘의 정식을 만들면 된다. 100엔 정도 단가가 높은 음식을 팔기 위해 주방을 북새통으로 만들어서야 완전히 본질에서 벗어났다고 느꼈다.

필시 점장은 오늘의 정식을 많이들 주문하는 이유를 '값이 저렴하니까'라고 분석했을 것이다. 나는 '주문하자마자 나오는 메뉴가 오늘의 정식뿐이어서' 주문이 쇄도한다고 분석했다. 오늘의 정식을 주문하는 이유가 싼값이 아니라면 값을 좀 더 올려도 손님의 만족도는 유지될 것이다.

이 정신없는 곳에서 과연 손님은 얼마나 만족스러운 식사를 하겠는가. 점심은 오늘의 정식 하나로 고정하고, 저녁에는 간단한 술안주를 마련해서 차분히 머무를 수 있게 배려하는 쪽이 더 합리적일 것이다. 나는 '미래식당에서는 꼭 오늘의 정식 하나만 팔자'라고 생각하면서 연일 이어지는 북새통에 뛰어들곤 했다.

시작하기 전 알아 둘 것 – 사고방식

쓸데없는 상식을
발견한다

'음식점에만 해당하는 이야기 아니야?'
라고 생각하는 사람도 있을 것이다. 그러나 내 눈으로 본 세상에
는 아무짝에도 쓸모없는 상식이 꽤 여기저기 굴러다닌다.

예를 들면 병원. 나는 며칠 전 예약하지 않고 초진을 받으러
갔다가 두 시간 반 동안 기다렸다. 환자가 두 시간 반을 기다리
는 상황이 달가울리 없다. 나였다면 어떻게든 구조를 뜯어고쳤
을 것이다.

이런 내 의견에 누군가는 "의료 시설은 XX여서 YY는 불가
능해. 아무것도 모르니까 그런 소리를 하지. 우리가 얼마나 필
사적인데"라고 반론할 수도 있다. 확실히 나는 의료 시설과 보
험 제도에 관해서는 문외한이다. 제도상 불가능한 부분이 있을
지도 모른다. 그렇지만 나는 생산성 낮은 격무에 시달리는 상황
을 내버려 두면서 "우리도 최선을 다하고 있으니까 잠자코 있
어"라는 식으로 합리화하는 자세는 이상하다고 생각한다.

예의 그 병원에서는 두 시간 반을 기다려 진찰실에 들어갔
더니 의사가 내 초진표를 전자 차트에 옮겨 적느라 여념이 없었
다. 타이핑은 의사가 맡을 일이 아니다. 나라면 진찰실에 타이
핑을 전담할 직원을 따로 고용할 것이다. 혹시 비밀 보장의 원
칙 때문에 진찰실에 의사만 들어가야 한다면 의사를 고용하겠

다. 인건비가 많이 들겠지만 환자가 두 시간 반이나 기다리는 상황을 당연시해서는 안 된다. 병원이니까 기다리는 게 당연하다고 생각하면 개선의 여지가 없다.

당연하게 통용되는 상식에 딴죽을 걸어 관심을 끌 의도는 없다. '당연한 상식'의 속박에 사로잡혀 본인이 힘들고, 손님도 그리 만족하지 못한다면 상황을 개선해야 하지 않을까? 처음에는 이상해 보일지라도 "듣고 보니 그러네!"라고 모두가 수긍할 만한 방식이라면 만사 형통이다. 짐짓 당연하다는 표정으로 새로운 상식을 제안하면 다른 사람들도 "이게 더 편해 보이네"라며 무심코 바꿀 수 있다.

단, 그러기 위해서는 새로이 제안하는 상식이 손님에게 이득이 되어야 하며 이해하기 쉬운 형태여야 한다.

문제와 공포를 혼동하지 않는다 ━━━━━━

'잘 안 되면 어떡하지?'

새로운 일을 시작하려고 하면 시시때때로 불안이 엄습한다. 나는 남보다 갑절은 부정적인 사고방식의 소유자인지라 미래식당을 열 때까지 전전긍긍하며 지냈다. 사람이 불안에 휩싸이면 '꼭 해결해야 할 문제'와 '일어날 수 있는 무서운 일'이 마구 뒤섞인다.

예컨대 나는 미래식당을 혼자 운영하기로 결정했다. 당시에는 세상에 존재하지 않던 맞춤반찬을 실현하기 위한 결단이었다. 요리사를 고용하여 맞춤반찬이 무엇인지 가르쳐 주더라도 '내가 구현하고 싶은 것'과는 차이가 생길 수밖에 없다. 그럴 바에야 나 혼자 감당할 수 있는 규모의 가게를 운영하면서 맞춤반찬을 직접 만들기로 마음먹은 것이다.

결정은 내렸지만 한편으로 몹시 불안했다. 1인 가게는 내가 사고를 당하면 영업이 불가능하다. 가게를 열기 전에는 그런 사태가 벌어질까 봐 못 견디게 무서웠다. 우스워 보일지도 모르겠으나 나는 교통사고가 무서워서 집에 틀어박힌 적도 있다.

가게를 한 사람이 운영한다는 말은 사장이 쓰러지면 가게가 굴러가지 않는다는 뜻이다. 하지만 종업원을 몇 명 고용한들 가게를 갓 시작한 시점에서는 아무도 사장을 대신하지 못한다. 그렇다면 이것은 종업원을 고용한다고 해결될 문제가 아니다.

어떤 문제가 발생했을 때 중요한 것은 어떻게 대처(행동)하는가이다. 대처한 후 마음먹기(각오)에 따라 해결될 일은 염려해 봤자 아무런 소용이 없다. 무엇을 각오하고, 어떻게 행동해야 하는가. 이렇게 두 단계로 나누어 생각하면 마음이 정리된다.

1인 가게를 예로 들어 자세히 살펴보자. 가게를 혼자 운영할 때 우려되는 사항은 크게 두 가지가 있다.

A. 대신할 사람이 없다
B. 모든 업무를 혼자 감당해야 한다

두 가지 걱정을 어떻게 해결하면 좋을까?

A. 대신할 사람이 없다

행동	각오
남이 대신해줄 수 있는 일은 최대한 분업한다	초기 투자액을 회수했다면 다음은 흐름에 맡기자

따로 분점을 내서 수익을 늘릴 계획은 처음부터 없었기 때문에 나를 대신할 사람이 없어도 별 문제는 없었다. 게다가 미래식당에는 불특정 다수의 도움을 받는 한끼알바 시스템이 있다. 상세한 가이드를 준비하면 개인 의존도가 낮은 일은 분담이 가능하다. 남이 대신하지 못하는 일은 최대한 줄이면 된다.

그럼 누구라도 2호점을 열 수 있는 수준까지 모든 업무를 매뉴얼화하면 되지 않을까? 불가능하다. 가이드에는 다 담지 못하는 섬세한 접객 요령과 조리 노하우가 있다. 비단 미래식당 뿐만 아니라 모든 사업에는 남이 대신하지 못하는 요소가 존재한다. 새로운 일을 시작한 이상 어느 정도는 당연한 일이다. 이것만큼은 어쩔 도리가 없다.

B. 모든 업무를 혼자 감당해야 한다

행동	각오
정말 필요한 업무(손님을 위한 일)만 한다	감당할 수 있는 범위 안에서 일하자

'혼자 꾸리는 가게니까 이것도 저것도 다 내가 해야겠지'라고 생각해서 고민이 깊어진 적은 없는가? 이런 고민이야말로

발상의 전환이 필요하다. 혼자 이것저것 모두 해야 한다는 생각을 버리고, 감당할 수 있겠다 싶은 범위 안에서 하면 된다. 가령 '식당이니까 매일 요리를 해야겠지'라고 생각할지도 모르겠으나 세상에는 통조림만 파는 선술집도 있다. 손님이 만족한다면 그것으로 충분하다.

미래식당 같은 경우는 손님이 직접 밥통에서 밥을 퍼야 한다. 문 닫기 직전에 방문한 손님에게는 적당히 청소를 도와달라고 부탁하기도 한다. 그래도 손님이 수긍한다면 아무 문제가 없다. 일하다 보면 무심코 완벽주의에 빠지기 쉬운데 그렇게까지 고생해서 도대체 누가 만족스러운지를 수시로 의식할 필요가 있다. 아무도 원하지 않는 고생은 한낱 자기만족에 지나지 않는다.

참고로 이런 사고방식은 내가 엔지니어였던 시절의 경험과도 밀접한 관련이 있다. 예를 들어 시스템 화면을 만든다고 하자. 원래는 클릭하기 편한 위치에 버튼이 있고 디자인도 깔끔해야 하지만 아직 개발이 한창인 화면은 보통 흑백이다. 일러스트 대신 글자를 적어놓는 일도 허다하다. '여기서 힘들여 봤자 무의미한' 부분은 싹둑 잘라내고 좌우간 개발 속도를 최우선으로 삼는다. IT 업계는 업계 자체의 진화 속도가 빠른 만큼 그런 취사선택이 확실하다.

"수익이 안 나도 괜찮아요."

사업 계획을 풀어놓는 한끼알바생들이 이따금 이런 말을 하곤 한다. 이것은 잘못된 생각이다.

돈은 투표나 다름없다. 좋은 가치를 많은 사람에게 전해 이해를 얻고 이로써 수익을 창출하는 것이 사업자의 책무이다. 못 벌어도 다른 사람에게 도움이 된다며 희생정신을 발휘하고 있을 때가 아니다. 실제로 자신에게 도움이 된다면 사람들은 그 사업을 응원한다. 따라서 '수익이 나지 않는' 상황은 발생하지 않는다.

미래식당에는 누구나 쓸 수 있는 한끼 무료 식권과 누구나 일할 수 있는 한끼알바 시스템이 있어서인지 "미래식당은 돈벌이를 생각하지 않는군요. 대단합니다!"라는 평가를 받기도 하는데, 정말이지 크나큰 오해다.

돈을 버는 것은 나쁜 일이 아니다. 많이 벌어서 많이 돌려주면 된다.

이를테면 미래식당은 나 혼자 운영하는 1인 가게인데도 월평균 약 110만 엔이라는 매출액을 기록하고 있다. 충분히 흑자다. 그래서 2016년 여름부터는 월 1회 그날 판매액의 절반을 기부하는 '기부정식'을 실시하고 있다. 돈벌이가 되지 않아도 괜찮다며 적자를 내기보다 이익의 몇 퍼센트를 사회에 환원하는 편이 훨씬 합리적이다. 이와 관련한 자세한 내용은 3장의 '이익을 환원한다'(108쪽 참조)에서 이야기하겠다.

형편에 맞춰 생각한다

'이것도 없고 저것도 없고…. 보통 이런 것들은 갖추어야 하는데 어떡하지?'

이런 고민은 시작조차 하지 말자.

빈곤 아동의 식사 문제를 해소하기 위한 사회활동으로 어린이식당을 하고 싶다던 한끼알바생은 가스레인지가 한 대밖에 없어 고민이라고 했다. 그 사람은 "가스레인지가 한 대뿐이라 요리를 할 수가 없어요"라고 한탄했지만 사실 방법이야 많다. 건더기를 듬뿍 넣은 된장국과 밥만 준비해 '어린이식당 된장국 모임'을 열 수도, 아예 방향을 틀어 다과회를 열 수도 있다.

'그러면 안 되지!'라고 고집하는 사람이 자기 자신인지 손님인지 명확히 구분해야 한다.

미래식당에서는 폐점 직후에 손님이 방문했을 때 마땅한 반찬이 없어도 "오늘은 장사 끝났으니까 돌아가세요"라고 말하지 않는다. 냉장고에 남은 반찬과 밥, 우메보시매실을 소금에 절여 말린 음식뿐이어도 손님이 원하고 기뻐한다면 차려낸다.

핵심은 손님이 그것으로 만족하느냐이다. '원래는 따뜻한 메인 요리랑 된장국도 같이 나가야 하는데'라고 고민할 필요가 없다. 손님이 좋다고 하면 그걸로 충분하다. 마침 그 장면을 목격한 한끼알바생이 "세카이 씨는 절대로 손님을 거절하지 않으시네요!"라며 놀란 적도 있다. 나로서는 일부러 가게에 찾아오신 손님이니 당연한 처사라고 생각한다. 배고픈 사람을 내쫓아서야 되겠는가. 다만 임기응변으로 대처하는 데도 한계가 있다. 감당할 수 있는 범위 안에서, 형편에 맞춰 생각하는 것이 중요하다.

꼭 만점일 필요는 없다 ────────

앞서 설명한 이야기와 이어지는 내용이지만 손님이 항상 만점을 기대하지는 않는다. 음식점에서 선택할 수 있는 두 가지 상황을 가정하여 생각해 보자.

A. 대기 시간 15분, 맛 90점인 점심
B. 대기 시간 30초, 맛 80점인 점심

기념일이나 여행 때처럼 기다릴 여유가 있다면 물론 느긋하게 맛있는 음식을 먹고 싶겠지만 평일 점심 식사에서 손님이 더 만족하는 쪽은 B가 아닐까?

미래식당에서는 이것을 기본 방침으로 세우고 있다. 중국식 볶음 요리를 만들 때도 미리 재료를 가볍게 볶아 둔다. 그럼 재료가 빨리 익어서 식사를 제공하는 시간이 단축되기 때문이다. 그러나 식사를 더 빠르게 제공할 심산으로 손님이 오기 전에 재료를 다 볶아 버리면 시간이야 단축되겠지만 음식이 식고 재료도 시들시들해진다. 어느 수준까지 준비해 두느냐가 맛의 비결이자 연구해야 할 부분이다.

요컨대 기본 요소(맛)를 적당히 갖출 수 있다면 다른 요소

(속도)를 추가해서 총 100점에 가까워지면 된다. '맛'만으로 100
점을 딸 필요는 없다.

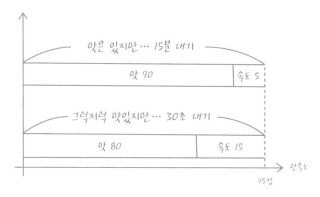

맛 외에 다양한 요소를 추가해서 총합 100점을 목표로 한다

맛은 있지만··· 15분 대기

맛 90 　　속도 5

그럭저럭 맛있지만··· 30초 대기

맛 80 　　속도 15

만족도

95점

시간을 효율적으로 쓴다 ━━━━━━━━

중요한 일 외에는

하지 않는다

새로운 일을 시작하려고 해도 쓸 수 있는 시간은 정해져 있다.

나는 다른 사람들에게 "세카이 씨는 도대체 몸이 몇 개예요?"라는 소리를 종종 듣는다. 얼마나 많은 일을 하고 있기에 그런 소리를 듣는 것일까?

우선 본업이 있다. 미래식당이라는 정식집에서 오전 11시부터 밤 10시까지 약 70끼의 식사를 만든다. 두 달에 한 번 잡지에 글을 연재하고, 일주일에 한 번쯤 취재를 받고, 따로 책도 집필한다. 덧붙여 미래식당은 메뉴가 매일 바뀌므로 식자재도 날마다 주문하고, 먹어본 적 없는 음식을 만들 때는 연구차 여러 음식점을 돌아다닌다. 그러느라 휴일이면 하루에 네 끼를 먹는 경우도 비일비재하다.

그리고 웬만하면 먼저 꺼내지 않는 이야기지만 여섯 살 난 아이를 둔 엄마로서 육아도 하고 있다. 현재 둘째 아이를 임신 중이라 무리하게 일하지도 못하기 때문에 그날그날 사용할 수 있는 시간이 빠듯하다.

누군가는 나보다 더 바쁜 삶을 살며 이 정도는 대수롭지 않다고 생각할 수 있지만, 내가 이런 일상을 소화하기 위해서 시간과 체력을 어떻게 사용하고 있는지 전하고자 한다.

나에게는 모두가 보고 놀라는 기이한 습관이 한 가지 있다. 중요한 일 외에는 정말 아무 일도 하지 않는 것이다.

나는 평소에 팝콘 하나로 식사를 때우곤 한다. 휴일에야 연구차 다른 음식점을 순회하지만 미래식당을 꾸리느라 발이 묶이는 평일에는 거의 팝콘만 먹는다. 무엇을 먹을지 고민하는 시간과 에너지가 아깝게 느껴져서다. 나는 집 주소도 모른다. 집이 어디 있는지는 알지만 번지수를 기억하지 못한다. 아파트 이름마저 몰라서 스마트폰에 "주소"라는 단어를 입력하면 실제 집 주소로 변환되도록 등록해뒀다. 아무래도 내 뇌는 필요하지 않다는 판단이 들면 그대로 잊어버리는 모양이다.

서른이 될 때까지는 태어난 해가 언제인지도 몰랐고, 여전히 지금이 몇 년도인지 기억하지 못한다. 일본의 연호(일본은 왕이 새로 즉위할 때마다 해에 새로운 칭호를 붙인다)라든가 수상 이름도 모른다. 연호와 수상이라는 개념은 알지만 실제 숫자나 인명을 기억하는 일에 에너지를 배분하지 못하기 때문이다.

내 사례는 워낙 극단적이어서 참고가 안 될 수 있다. 그러나 내가 극단적임을 감안하더라도 어떻게 되든 상관없는 일에 에너지를 들이느라 본업에 집중하지 않는 경우가 많이 보인다. "식당을 창업하려고 그릇을 찾는 중이에요"라고 말하면서 정작 그릇 매장조차 방문하지 않는 사람도 있다.

작업량이 아니라

시간을 정한다

시간을 사용할 때 중시하는 규칙은 '~ 분까지 작업한다!'라고 일이 끝나는 시간을 정하는 것이다. 그리고 정한 시간을 지키고 나면 이후 시간은 여유롭게 보낸다. '일단 이때까지 하자'라고 목표를 설정하지 않으면 못 끝냈을 때는 죄책감과 스트레스가 생긴다. 목표를 설정해 두면 '여기까지 열심히 했으니까!' 긍정하며 지낼 수 있다. 일이 어느 정도 궤도에 오르면 그때는 목표를 쭉쭉 연장하면 된다.

그러나 나는 '시간'이 아닌 '작업량'을 기준으로 삼는 방식은 바람직하지 않다고 생각한다. '오늘은 YY를 하자'라고 굳이 마음먹은 단계에서 그것은 이미 하기 싫은 일이 되어 버린다. 하고 싶지도 않은 일을 하려고 해 봤자 집중하기는커녕 점점 무기력해진다. 정말로 하고 싶은 일이라면 짐짓 마음먹지 않아도 자연스레 즐기게 된다.

반면 시간은 본인의 의지와 관계없이 일정하게 흐른다. 시간을 기준으로 삼아야 "준비, 땅!" 하고 신호총이 울려서 일에 집중하게 된다. '정한 시간까지만 하고 논다'라고 결정하는 만큼 나는 남들 눈에는 놀랍도록 많은 작업량을 비교적 편안한 마음 으로 소화한다.

해야하는 일의 성질을 바꾼다 ━━━━━

이번에는 일을 도표로 분류하여 어떤 일을 줄여야 하고, 어떤 일을 바꾸어야 하는지 살펴보자.

	해야 하는 일	하지 않아도 되는 일
손님을 위한 일	Ⓐ 이왕이면 손님에게 도움이 되도록 바꾼다	Ⓑ
손님과 무관한 일	Ⓒ	Ⓓ 일을 줄인다

손님과 상관없는 헛수고를

멈춘다

인간은 한번 습관을 들인 '일'에는 좀처럼 의문을 품지 못하는 생물이다. 손님과 하등 관계가 없고 구태여 하지 않아도 되는 일은 할 필요가 없다는 사실을 머리로는 알고 있어도, 정작 그 일이 무엇인지 발견하기가 대단히 어렵다.

미래식당에는 10엔 이하의 계산은 하지 않는다. 깜짝 놀란 사람도 있겠지만 이 정도의 상식을 뛰어넘지 않으면 '당연하게 느껴지는 헛수고'가 눈에 들어오지 않을 것이다.

미래식당 계산대에는 동전을 넣을 수 있는 칸이 500엔, 100엔, 50엔용 밖에 없다. 나머지 동전은 전부 '아무거나 박스'에 모아 둔다. 미래식당의 메뉴는 정식 하나로 가격은 900엔(할인권을 사용하면 800엔)이다. 날달걀 같은 옵션도 일괄 50엔인지라 손님에게 10엔이나 5엔짜리 동전을 건네줄 일이 회계상 발생하지 않는다. 10엔을 건넬 일이 없으니 구별하기 쉽게 담아둘 필요도 없다. 영업을 마치고 '아무거나 박스'에 담긴 금액만 확인하면 그만이다. 고로 미래식당에서 10엔 동전을 분류하는 고생은 헛수고에 지나지 않는다.

그렇다고는 하나 동전이 눈앞에 있으면 무심코 분류하게 되는 것이 인간의 심리다. 나로서는 한끼알바생에게 계산대를 맡길 때마다 주저리주저리 설명할 수도 없는 노릇이라 계산대에 10엔, 5엔, 1엔용 수납칸을 만들지 않았다. 수납칸이 없으면 동전을 분류하고 싶어도 하지 못한다. 계산대를 누구에게 맡기건 헛수고할 일이 없다. 무엇이 헛수고인지 발견하고 업무의 개인 의존도까지 도구로 없애버린 일례라고 생각한다. '손님과 상관없는 헛수고'는 이렇게 도구를 개량하여 멈출 수 있는 경우가 많다.

어느 정식집에서 일을 배우던 시기에 겪은 일이다. 튀김은 보통 타이머로 시간을 재서 튀긴다. 그곳 역시 닭고기는 5분,

가지는 1분, 냉동 생선은 7분 등 재료별로 시간이 정해져 있었다. 그런데 튀김기 근처에 준비된 타이머가 딱 하나뿐이라 튀김 종류가 바뀔 때마다 시간을 재설정해야 했다. 심지어 100엔 짜리 타이머여서 버튼을 누르기가 어려운 데다 화면이 작아 보기도 힘들었다. 자석도 부실해서 툭하면 바닥에 떨어지는 통에 번번이 주워야 했다.

튀김을 만들 때마다 몇 번씩 작은 버튼을 삑삑 누르고, 떨어뜨리고, 줍고, 시간을 재설정하는 작업이 과연 손님을 위해 꼭 필요한 일일까? 아니다. 타이머를 10개 사면 끝나는 이야기다. 도구를 바꿔서 해결될 일은 1초라도 빨리 해결하자.

'손님과 무관한 일'은
'손님을 위한 일'로 바꾼다

효율화란 할 일을 줄이는 방향으로만 한정되지 않는다. 업무의 '성질'과 '드러내는 방법'을 바꾸는 것 또한 중요하다.

어차피 해야 할 일이라면 손님과 연관하여 생각하자. 예를 들면 회계는 어떨까? 미래식당에서는 월별 매출액과 원가를 모조리 인터넷상에서 공개한다. 공개를 하건 말건 회계는 '어차피 해야 하는 일'이다. 하지만 그것을 공개하면 손님에게 미래식당을 더욱 이해받을 수 있는 절호의 기회가 된다.

지난주 메뉴와 겹치지 않으면서 계절에 맞는 음식으로 종류(일식, 양식, 중식)와 조리법(튀김, 찜, 구이)의 균형까지 고려해 다음 주 메뉴를 결정한다. 혼자 궁리하면 나도 모르게 내가 만들 수 있는 범주에 갇히거나 늘 비슷한 아이디어만 떠올라서 메뉴 짜기가 상상 이상으로 까다롭다.

그래서 주말 여유로운 시간에 내점한 손님을 대상으로 메뉴 회의를 개최한다. "다음 주에 뭘 드시고 싶으세요?"라고 질문한 다음 그 자리에 있는 전원이 함께 메뉴를 결정하는 것이다.

물론 나 혼자 결정해도 손님을 위한 결정이라는 점은 똑같다. 다만 홀로 머리를 쥐어짜다 보면 버거운 나머지 손님 시선에서 바라보려는 의식이 차츰 옅어지고, 급기야 '다음 주 메뉴는 또 어떡하지? 골치 아프네'라는 심정이 되고 만다. 그렇다면 차라리 물어보자고 생각했다. 애당초 손님이 드실 음식이니 손님에게 무엇을 먹고 싶은지 물어보는 쪽이 가장 효율적이지 않을까? 실제로 손님들도 좋아하고, 나도 손님에 대한 마음가짐을 새롭게 다잡을 수 있다.

하고 싶은 이유를 찾는다

남에게 칭찬을 받고 체면이 서는 일을 자기도 모르게 선택하지는 않았는가? 작디작은 일이라도 하고 싶은 이유를 찾아 그림으로 그릴 수 있다면 실현 가능성이 높아진다.

당장은 불가능해도 노력하면 결과가 달라진다

불가능하다면 가능해질 때까지 노력하면 된다. 핵심은 자신이 후회하지 않을 수준까지 스스로 분발하는 것이다.

상식을 해체한다

'실은 하고 싶지 않지만 어쩔 수 없지'라고 생각하는 상식은 없는가? 만약 있다면 어떻게 하면 좋을까? 그것이 왜 불편한지 철저히 고찰하면 상식을 해체할 수 있다.

문제와 공포를 혼동하지 않는다

새로운 일을 시작하려고 하면 불안이 엄습하기 마련이다. 불안

한 이유를 대처할 수 있는 일(문제)과 대처할 수 없는 일(공포)로
나누어 생각하고 대처할 수 없는 일은 단념한다.

흑자 유지가 최저선

흑자 유지는 사업의 필요조건이다. '돈벌이가 없어도 괜찮아'라
는 자세로는 사업을 지속하기 어렵다.

형편에 맞춰 생각한다

있으면 있는 대로 없으면 없는 대로 감당할 수 있는 범위 안에
서 생각하는 것이 중요하다. 'XX가 없어서 YY할 수 없다'라고
고민해서는 시작조차 할 수 없다.

꼭 만점일 필요는 없다

만점이 아니라서 내놓지 못한다면 도대체 누가 만족하겠는가.
만점이 아니어도 상대방이 만족한다면 그것으로 충분하다.

시간을 효율적으로 쓴다

작업량이 아닌 시간을 목표로 설정한다. 정한 시간 동안 얼마나
집중하느냐가 관건이다. "준비, 땅!" 하면 출발하는 단거리 경
주라고 생각하자.

해야 하는 일의 성질을 바꾼다

손님이 원하지도 않는데 꼭 해야 한다고 여기는 일은 없는가?
하지 않아도 되는 일로 고생해 봤자 그것은 단순한 자기만족일
뿐이다.

시작하기 전 알아 둘 것 - 사고방식

2장

시작할때
해야할 일
–
행동

'안 한다'를 뛰어넘는다 ─────────

새로운 일을 '하는' 편이 나을까, 지금 이대로 '하지 않는' 편이 나을까?

어쩌면 당신은 지금 이 문제로 고민이 한창일 것이다.

먼저 내 개인적인 소신을 밝히자면 나는 무조건 '하는' 편이 낫다고는 생각하지 않는다. 새로운 일에 도전하는 행위 자체가 인생의 목적이 아닌 까닭이다. 인생의 가장 큰 목적은 매일을 후회 없이 즐겁게 살아가는 데 있다.

누군가에게 칭찬받기 위해 뭔가를 시작할 필요는 없다.

그러나 만약 당신이 누군가의 칭찬을 받기 위해서가 아니라 하루하루 더 나아지기 위해 새로운 일을 시작하기로 했다면 부디 이 책이 당신에게 조금이나마 보탬이 되기를 바란다.

'한다'와 '안 한다' 사이에는 거대한 장벽이 있다.

과거에 나는 회사원이자 엔지니어였다. 음식점을 창업하고 소위 이색 전직의 주인공이 된 내가 새로운 일을 시작하며 중시한 점은 무엇일까? 그리고 어떻게 시작했을까? 이번 장에서는 그 이야기를 풀어놓고자 한다.

나와 함께 '안 한다'라는 이름의 장벽을 뛰어넘어 보자.

학습: 기존 지식을 철저히 배운다 ━━━━━

새로운 일을 '기존 요소'와
'혁신 요소'로 분해한다

새로운 일을 시작하고 싶어도 무엇부터 손대야 할지 막막할 때가 있다. 그럴 때는 새로운 일을 '기존 요소(기존에 있던 것)'와 '혁신 요소(진짜 새로운 것)'로 나누어 생각하는 태도가 중요하다.

예컨대 내가 미래식당을 시작할 때는 맞춤반찬처럼 손님이 음식 재료를 직접 고르거나 몸 상태에 맞춰 반찬을 주문하는 서비스는 전례가 없었다. 그렇지만 맞춤반찬을 '요리'라고 인식하고 '기존 요소'와 '혁신 요소'로 나누어 보면 특별히 새로울 것도 없다.

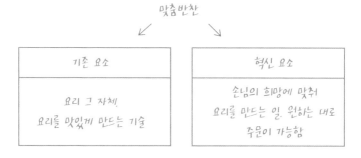

기존 요소	혁신 요소
요리 그 자체, 요리를 맛있게 만드는 기술	손님의 희망에 맞춰 요리를 만드는 일. 원하는 대로 주문이 가능함

시작할 때 해야 할 일 – 행동

'기존 요소'는 이미 세상에 존재하던 것이니만큼 앞선 사람들의 지혜와 조언이 풍부하다. 양념을 넣는 순서(설탕→소금→식초→간장→된장)처럼. 그런 기초를 배우지 않고 새로운 것만 시도해 봤자 잘되지 않는다.

"지금까지 없던 일을 시작하면서 걱정은 없었나요?"라고 곧잘 물어 보시는데, 나는 기초가 되는 '기존 요소'를 철저하게 배울수록 새로운 일에 성공할 확률이 높아진다고 확신하고 있었기에 괜한 걱정은 하지 않았다.

그 외에도, 한 번 방문했던 손님이라면 누구나 50분간 일하고 한 끼가 무료인 한끼알바만 해도 당최 어떻게 운영해야 할지 막연했다. 나는 이것 역시 분해해서 생각했다.

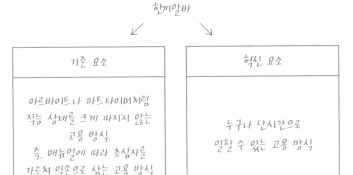

한끼알바

기존 요소	혁신 요소
아르바이트나 파트타이머처럼 직능 상태를 크게 따지지 않는 고용 방식. 즉, 매뉴얼에 따라 초심자를 가르쳐 일손으로 삼는 고용 방식	누구나 단시간으로 일할 수 있는 고용 방식

이처럼 분해해서 생각하면 '한끼알바를 실현하는 데 도움이 될 만한 매뉴얼을 조사해 보자!'라는 생각이 떠오른다. 나는 이런 착상에서 시작해 노하우를 배우기 위해 다른 식당에서 일하며 그 식당의 매뉴얼을 첫 줄부터 마지막 줄까지 꼼꼼하게 읽었다.

'이미 세상에 존재하는 지식'을 꼭 학습하기 바란다.

도서관에 있는 요리책은 모조리 독파

나는 맞춤반찬 시스템과 음식점을 운영하려면 요리 기술을 최대한 끌어올려야 한다고 생각해 도서관부터 찾았다. 당시에는 분교구에 살았는데, 가장 가까운 구립 도서관 두 곳에 있는 요리책을 모조리 읽었다. 요리책은 보통 컬러인 데다 판형이 크다. 그만큼 묵직하기 때문에 빌려도 집까지 들고 가기가 힘들어서 몇 시간씩 도서관에 틀어박혀 읽고 또 읽었다. 정확히 몇 권을 읽었는지는 모르겠으나 책장으로 치면 여섯 개 정도는 거뜬히 채울 양이었다. 수만 종류의 요리를 사진으로 보고 있자니 음식을 어떻게 담아내야 먹음직스러운지 알 수 있었다.

나는 이미 밝혔다시피 저녁을 팝콘 하나로만 때울 정도로 먹는 데 무심한 사람이라 요리 기술이 뛰어나지는 않았다. 하지만 출발점이 빈약할지라도 거기서부터 얼마나 채워 넣느냐에 따라 결과는 달라진다.

"회사원으로 일하다가 요식업계에 뛰어들다니 대단하십니다. 예전부터 요리에 일가견이 있으셨나요?"

미래식당을 찾아오는 한끼알바생 중 몇몇은 나에게 이런 식으로 질문을 던진다. 내 대답은 "아니요"이다. 엄격하게 말하면 그들은 마음 한구석에 불가능한 이유를 만들어 놓고, 내가 자신의 질문에 동의하기를 기대하고 있다.

'분명 세카이 씨는 원래 소질이 있었겠지만 나한테는 없으니까 무리야, 할 수 없어.'

대체 어디까지 해 보고서 불가능하다고 생각하는 것일까? 스스로 부족함을 느낀다면 배움만이 살 길이다.

나 같은 경우는 학창 시절, 대학 입시를 준비할 때 영어 장문 독해가 서툴렀다. 그래서 시험이 생긴 이래 몇십 년간 출제된 영어 문제를 모두 풀었다.

세상 모든 사람이 이렇게까지 할 필요는 없을 것이다. 나는 독창성이 뛰어나지 않을뿐더러 하나를 듣고 열을 아는 유형도 아니다. 보통 사람들보다 지식도 부족해서 무엇인가 새로운 일을 시작할 때는 대체로 마이너스에서 출발한다. 그러다 보니 다른 사람에 비해 공부하는 양이 많은 편이다.

중요한 것은 각자가 느끼기에 '어떤 결과가 나오든 후회하지 않을' 수준까지 스스로를 단련하는 일이다.

기존의 지식을 속속들이 배우면 견문이 넓어지고, 독창성 있는 새로운 일이 가능해진다. 맞춤반찬을 예로 들자면 그저 손님의 요청에 부응하는 일뿐 아니라 재료를 자르는 방법이며 양념하는 방법, 음식을 담아내는 방법 등 '한 끗 차이'로 차이를 만들어 낼 수 있다.

사람은 노력하는 모습에

마음이 끌린다

당신이 미래식당에 왔다고 하자.

A. 요리가 난생처음인 한끼알바생이 몇 번이나 배움과 연습을 거듭한 끝에 만든 한 그릇

B. 미래식당 주인이자 전문가인 내가 만든 한 그릇

어느 쪽이 더 감동적으로 다가오는가? 나로서는 꽤 분하지만 한끼알바생이 만든 한 그릇을 선택할 것이다. 라이벌(나)의 기술이 제아무리 뛰어날지라도 그것을 능가하는 감동을 주는 단 한 가지가 바로 '약점을 드러내면서까지 발전하는 모습'이다.

이번 원고를 담당하는 편집자 K씨는 "저는 세카이 씨가 열심히 하는 모습에 감동하는 걸요. 뭐랄까, 세카이 씨는 프로지만 첫 요리도 분명 시행착오와 연구를 거듭한 끝에 만들었을 거란 느낌이 들어요. 그런 면이 감동을 준다고 생각해요"라는 영광스러운 감상을 말해 주었다.

앞에서 "전문가인 내가"라고 적기는 했지만 전문가는 무수

한 시행착오를 거쳐 끊임없이 발전한 결과 도달하는 위치다. 그런 의미에서 열심히 노력하는 초심자와 수없이 시행착오를 반복한 전문가는 지켜보는 주위 사람들에게 본질적으로 같은 감동을 선사하는지도 모른다. 다만 전문가는 이미 완성된 상태여서 그간의 시행착오를 상대방에게 전달하기 어려운 경향이 있다. 담당자인 K씨는 미래식당에 자주 오는 데다 내가 매일같이 개선하려고 노력하는 모습을 직접 보았기 때문에 그렇게 느꼈다고 생각한다.

사람은 노력하는 사람을 응원한다. '처음부터 완벽한 사람'보다는 '의욕적으로 성장하는 사람'이 더 친근하게 느껴지지 않는가?

누군가는 '남을 감동시켜서 얻는 게 뭐지?'라고 생각할지도 모른다. 그러나 내가 보기에 누구도 감동하지 않는 서비스는 이 세상에 필요하지 않은 독선일 뿐이다.

또 누군가는 '남의 감동이 무슨 소용이람?'이라고 생각할지도 모른다. 그러나 감동해 주는 사람이 있으면 외톨이로 행동할 때보다 지속적으로 동기 부여를 할 수 있고, 당신이 제공하려는 서비스의 팬도 생긴다. 꼭꼭 숨긴 일기장에 쓴 결심은 작심삼일로 끝나도, 남들 눈에 보이는 인터넷 블로그에서 당신을 응원하고 감동해주는 사람이 있다면 계속 분발할 수 있지 않을까?

나는 회사를 그만둔 이튿날부터 블로그에 '미래식당 일기'

를 쓰기 시작했다. 모든 일기는 반드시 "안녕하세요. 이 글은 '당신의 보통에 맞추어 드리는' 미래식당을 창업할 때까지 쓰는 일기입니다"라고 시작하여 "읽어 주셔서 감사합니다. 언젠가 만나 뵙겠습니다"라고 마무리했다.

"창업할 때까지 쓰는 일기입니다"라고 쓰면서도 미래식당을 정말 창업할 수 있을지 나조차 잘 몰랐다. 건물을 찾지 못한다거나 계획이 좌절된다거나 해서 창업에 실패할 이유는 얼마든지 있었다. 그럼에도 앞으로 나아가는 모습을 공개하는 일이 미래의 손님에게 가장 진지한 응대라고 생각했고, 가게를 열기 약 1년 6개월 전부터 꾸준히 일기를 썼다.

그렇게 악전고투하는 모습이 흥미로웠던 모양인지 서서히 블로그 팬이 늘었다. 창업할 즈음에는 하루 페이지뷰가 1,300회를 기록했는데, 카운터석 12개짜리 식당 입장에서는 어마어마한 숫자였다. 노력하는 모습을 공개하여 다른 사람의 응원을 받은 전형적 사례라고 생각한다. '미래식당 일기'를 읽은 출판사 직원의 제안으로 첫 번째 책이 출간되기도 했다.

완성하고 나서 공개하면

사람의 마음을 움직이지 못한다

　　　　　　　　내가 "노력하는 모습을 감추지 않고

보여주는 것이 중요해요"라고 조언하면 많은 사람이 "맞아요. 저도 형태가 갖춰지면 보여주려고요"라고 대답한다. 그 대답은 틀렸다. 완성하고 나서 과정을 공개하면 사람은 마음을 움직이지 않는다. 이미 슈퍼맨이 된 영웅이 사방팔방으로 뛰어다닌들 때는 늦은 것이다.

당장은 비웃음을 사도 상관없다. 우스꽝스럽고 부족할지라도 힘껏 노력하는 모습을 진솔하게 전달하자. 그래야 많은 사람이 당신을 응원하는 팬으로 변신한다.

무엇인가 하고 싶지만 현시점에서 당신의 능력이 보잘것없다면 어떤 의미로는 더없이 좋은 기회다. 점수를 60에서 70으로 올리는 것과 30에서 60으로 올리는 것을 비교해 보라. 후자가 압도적으로 쉽다. 부족하면 부족할수록 장차 발전할 역량을 많이 가진 셈이다. '현재 능력이 없는' 상태는 다시 생각하면 굉장한 행운이다.

공개 효과를 높이는 장치

미래식당에서는 공개할 때 손님이 증가하거나 손님의 반응이 폭발하는 것을 체감할 수 있도록 몇 가지 장치를 만들었다. 그 중 두 가지를 설명하면 첫 번째는 손님에게 사업 계획서를 공개하는 것이다. "사업을 고려하고 있어요”라고 말하는 한끼알바생에게는 미리 사업 계획서를 가져오라고 해서 가게에 있는 손님들에게 보여준다. 그럼 대부분 남에게 보여주는 건 처음이라며 얼떨떨해 하는데, 사업 계획서를 본 손님이 “힘내세요!”라고 응원을 하면 큰 격려가 되는 눈치다. 참고로 사업 계획서 공개는 당사자가 수락할 경우에만 진행한다. 공개하기 싫은 사람에게는 절대 강요하지 않는다.

두 번째는 목표와 노력을 손님에게 발표하는 것이다. 음식점을 창업하고자 하는 한끼알바생이 메인 요리사를 할 때는 필히 공고문을 붙인다. “○○에 ○○식당을 열 예정입니다”처럼 목표와 그날 요리할 내용을 손님이 볼 수 있도록 종이에 써서 카운터에 붙이는 것이다.

모두들 ‘그날 요리할 내용’을 처음부터 술술 써낼 수 없다. 딱히 쓸 내용이 없다면서 우물쭈물하는 사람들이 대다수지만 막상 물어보면 그날 메인 요리 색감이 돋보이도록 빨간 파프리카를 쓰거나 계절에 맞게 고명을 달리하거나 제각기 애쓰는 부분이 있다. 작은 시도일지라도 노력한 바를 꾸밈없이 전달하면 손님은 팬이 되어 응원을 보낸다.

도시락집 창업을 목표로 매달 한 번씩 메인 요리사를 했던 한끼알바생이 있었다. 드디어 그가 창업 목표가 확실해져 알바를 그만두던 날, 많은 손님이 그를 열심히 성원했다.

노력하겠다는 말보다

결과를 보여준다

노력하는 모습을 보여준답시고 블로그나 일기에 "나는 XX를 하고 싶다! 아자아자 파이팅!"이라고 써놓은 것을 흔히 목격한다. 유감스럽게도 이처럼 하겠다는 의지만 보여주는 글은 그 누구의 마음도 움직이지 못한다. 말은 열심히 하겠다고 하지만 구체적으로 무엇을 했는지가 드러나지 않기 때문이다. 이래서야 혼자 떠드는 것밖에 되지 않는다.

나는 '미래식당 일기'에 내가 일을 배우기 시작했다는 사실과 실제로 배운 점, 건물을 찾아다닌 결과, 시행착오 등을 담담하게 기록했다. 사람은 누군가의 생각뿐만이 아니라 이어지는 결과가 눈에 보여야 마음을 움직인다. 일이 안 풀리면 무심코 자기 생각만 글로 남기기 쉬운데 되도록 결과와 생각을 한 쌍으로 묶어 분명하게 전달하자.

공개할 때는 각오가 필요

미래식당은 월말 결산과 사업 계획서를 공개한다. 그래서인지 "공개할 용기는 어디서 나오나요?"라는 질문을 숱하게 받는다. 이 부분은 사고방식의 차이라고 할까, 나로서는 자연스러운 일이라 대답하기가 참 난감하다. 솔직히 '왜 감춰야 하나?'라는 생각도 들지만 공개하지 않는 사람이 다수임을 알기에 굳이 입 밖으로 꺼내지는 않는다.

공개가 자연스러운 사람에게도 어느 정도의 '각오'는 필요하다. 자기 이름으로 된 성과물을 구멍이 뻥뻥 뚫린 미완성 상태로 공개하면 비난이나 무시를 당할 가능성과 맞닥뜨리기 때문이다. 또한 공개에 대한 감사나 보답을 요구했다가는 그 즉시 손가락질 받기 십상이다.

나는 '100명 중 3명이 알아주면 성공'이라는 마음으로 공개를 단행하고 있다. 그렇다고는 하나 역시 만만치 않은 일이다. 흔들림 없는 각오(내 경우는 미래식당을 열겠다는 결의, 과정을 공개함으로써 진심이 전해질 것이라는 확신)가 있어야 야유가 빗발쳐도 주눅이 들지 않는다. 그리고 눈총에 대한 기초 체력이 있어야 한다.

여기서 기초 체력이란 '불특정 다수에게 노출되는 일에 얼마나 익숙한가'를 의미한다. 이를테면 "세카이일본어로 '세계'를 뜻한다"라는 내 이름은 만나는 사람마다 처음에는 신기해하는 이름이다. 여성으로서 공업대학 수학과에 진학했다는 점도 그렇고, 기모노 차림으로 통학하던 모습이 입방아에 오른 일도 그렇고 여하간 나는 눈에 띄는 존재였다. 내 딴에는 평범하게 '보통'으로 살고 있거늘 유치원 시절부터 걸핏하면 "왜 그래?"라는 질문을 받았다. 나는 기억하지 못하지만 매일 물을 주기로 한 나팔꽃

화분에 비 오는 날에도 물을 주러 갔다가 반 아이들 모두에게 웃음을 산 적도 있다고 한다.

요컨대 나는 주변에서 이러쿵저러쿵하는 데 익숙해진 사람이라 '기초체력이 되는' 사람이라고 생각한다. 이런 부분에 면역이 없는 사람에게 공개하라고 강요할 생각은 추호도 없다. 무리해서 공개하지 말고 세상의 상식을 벗어나지 않는 범위 안에서 성과를 발표하기 바란다.

구체화: 그림이 명확하게 그려지면
완성한 셈이나 마찬가지다 ──────

왜 말해도

전해지지 않을까

"고향에서 사람들이 소통하고 교류할 수 있는 게스트하우스를 열려고요."

"음, 그렇군요. 관계 중심의 게스트하우스는 지금도 있을 텐데 무엇이 다른가요?"

"물론 지금도 있긴 한데요, 잘 설명할 수 없지만 그거랑은 좀 달라요."

이따금 한끼알바생에게 그의 목표를 들을 기회가 있다. 그런데 내가 질문을 덧붙이면 제대로 설명하지 못하고 곧장 대답이 궁색해지는 경우가 많다. 때로는 "제가 뭘 어떻게 하고 싶은지 얘기해도 생각처럼 전해지지가 않아요"라고 상담 요청을 받을 때도 있는데 이런 상황을 마주할 때마다 말로 전하는 어려움을 통감한다.

도대체 왜, 말해도 전해지지 않을까?

언어화하지 못해서

툭 까놓고 말해 '잘 설명할 수 없는' 이유는 언어화하지 못하기 때문이다. 머릿속에 그려지는 이미지는 있지만 그것을 어떻게 설명해야 할지 모르면 표현이 애매해지고 자칫하다가는 어디서 많이 들어본 듯한 설명이 되고 만다. 당신이 설명하는 차이를 상대방이 알아주지 않으면 실망스러울 수도 있다. '이렇게 멋진 아이디어를 왜 몰라주지?' 싶겠지만 무릇 사람이란 그런 법이다. 당신의 언어로 이야기하지 않으면 당신 혼자만의 생각을 결코 타인에게 전달할 수 없다.

나도 미래식당에 대한 계획을 다른 사람에게 좀처럼 설명하지 못했다. 내 설명을 이해하지 못하고 "그런 손바닥만한 음식점을 회사까지 그만두고 해야 할 이유가 있어?"라며 난색을 표하는 사람도 있었다. 나는 생각을 가다듬고 화법을 연구하여 어느덧 상대방의 가슴이 뛸 만큼 선명한 그림을 그릴 수 있게 되었다. 하지만 여전히 내 생각의 5퍼센트조차 제대로 전해지지 않아 아쉬움을 느낄 때가 많다.

자기 머릿속에 있는 그림을 완벽하게 알아줄 사람은 이 세상에 존재하지 않는다. '어째서 몰라주는 거야!'라고 상대방을 탓해도 결국 우는소리밖에 되지 않는다. 그래도 포기하지 말고 '무엇이 어떻게 남다른지' 자신의 언어로 설명할 수 있을 때까지 분발해 보자. 그러면 상대방의 반응이 달라질 것이다.

가슴이 뛸 정도로
묘사하지 못해서

　　　　　　　　　　　'정말 재미있는 아이디어인데 왜 반응이 안 좋을까….'

　무엇이 어떻게 남다른지는 잘 설명해도 상대방의 반응이 못내 아쉬웠던 적은 없는가? 그것은 필시 당신의 아이디어 또는 사업 모델이 '그 사람한테는' 흥미롭지 않기 때문이다.

　사람은 자기와 관련되거나 자기한테 이로운 일에만 반응한다. 심드렁한 반응으로 끝나지 않으려면 그 사람이 동참하고 싶어질 만한 설명이 필요하다.

　나도 처음에는 미래식당이라는 아이디어를 "개인의 희망에 맞춘, 오더메이드가 가능한 정식집입니다"라고 소개했다. 그때 반응은 심드렁하거나 "주문에 맞춰 요리하는 정식집이라니 엄청 힘들겠다", "고급 레스토랑이 아니고서야 무리 아닐까요?" 등 반신반의하는 의견뿐이었다.

　내 설명이 듣는 사람에게 통하지 않는다는 사실을 깨닫고 설명하는 방식을 바꾸었다.

　"사람은 누구나 개인적인 음식 취향이 있지 않나요? 저는 여기저기 식초를 넣어 먹는 걸 좋아해서 닭튀김에도 뿌릴 정도인데, ○○씨는 어떠세요?"

　그러자 고구마 줄기처럼 이야기가 줄줄 나오기 시작했다.

식사 마지막에는 꼭 차에 밥을 말아 먹는다든가 밥에 된장을 발라 먹는다든가 익힌 토마토는 좋아하지만 생토마토는 싫어한다든가. 이처럼 '사람마다 음식 취향은 제각각'이라는 점을 떠올리게 한 다음 슬며시 본론을 꺼냈다.

"미래식당은 반찬을 원하는 대로 주문할 수 있는 정식집이에요. 뭐든지 뚝딱 나오는 마법을 부리는 건 당연히 아니고요, 개인의 취향이나 습관처럼 그 사람한테는 지극히 '보통'인 부분을 소소하게나마 맞춰 드리는 그런 정식집이에요."

설명 방식을 바꾸니 듣는 사람의 반응도 놀라우리만치 달라졌다. 많은 사람이 마치 자기 이야기인 양 기대로 가슴을 부풀렸고, 미래식당은 창업하기도 전에 충분한 수의 팬을 얻었다. 기껏해야 화법만 바꾸었는데 상대방의 반응이 백팔십도 달라진 것이다.

상대방의 눈높이에서 말하라

내가 사용한 두 가지 화법의 차이는 무엇일까? 두말할 나위 없이 '상대방의 눈높이에서 이야기했는가'이다. '나하고는 상관없어 보이네'라고 생각하는 사람을 이쪽으로 불러들일 수 있는 분위기에서 설명을 해야 한다. 남들 앞에서 몇 번쯤 이야기하다 보면 상대가 관심을 갖는 부분이 눈에 들어온다. 그것을 의식하여 당신이 전하려는 그림의 분위기를 바꿔 그리면 된다.

무엇인가를 하고 싶은 사람에게
반드시 묻는 두 가지 질문

언젠가 가게를 운영하고 싶다고 이야기하는 한끼알바생에게 내가 반드시 묻는 질문이 두 가지 있다.

- 언제부터 시작할 예정인가요?
- 이름은 무엇인가요?

질문은 딱 두 개지만 대답을 들으면 그림을 얼마나 그렸는지가 대번에 드러난다. "언젠가"라고 표현한 한끼알바생이 두 질문에 시원시원하게 대답한 경우는 아직 없다. 대개는 "아마 내년쯤…. 상호는 아직 안 정했어요"라고 대답한다. 반면 창업을 불과 한 달 앞두고 한끼알바를 하러 왔던 사람은 명쾌하게 대답했다.

왜 "상호를 떠올리지 않을까? 물론 "상호는 건물을 찾고 나서 결정하려고요" 하는 의견도 이해는 간다. 다만 찬성하지는 않는다. 상상을 더욱 밀어붙였으면 좋겠다. 자기가 하고 싶은 일을 상상하면 할수록 그림이 선명해져 저절로 상호가 떠오르기 때문이다. 나는 누가 물어보면 "가게 이름은 '미래식당'이고 내년 가을쯤 진보초에서 창업할 예정입니다"라고 꼬박꼬박 대답했다. 그러다가 한번은 "알맹이보다 껍데기를 중시하는 타입이군요?"라고 비웃음을 들은 적도 있다. 분했다. 그림 그리기의 중요성을 무시당해서 충격이 컸으나 당시에는 정말 알맹이가 아무것도 없었기에 대꾸하지는 않았다.

내가 마침내 적당한 장소를 발견하여 실제로 그해 가을에 미래식당을 창업한 것은 우연이다. 어쨌거나 일부 예외를 제외하면 저렇게 대답할 때마다 나를 응원해 주는 사람이 늘어나는 것을 체감했다. 앞서 설명한 '공개'와도 연결되는데, 사람은 상대방이 목표를 명확하게 묘사할수록 응원하고 싶어지는 듯하다.

그림을 선명하게
그리는 방법

한끼알바를 하러 온 사람들을 가만 살펴보면 그림 그리기를 꺼린다기보다 그림 자체를 의식하지 않는 경향이 있다. 그래서 늘 가벼운 질문으로 한끼알바생의 상상력을 부풀린다. 희망하는 장소는 역에서 몇 분 거리고, 가게에 어떤 사람이 있는가 하는 정통적인 질문부터 입구의 문 디자인은 어떻고, 식기는 어떤 색깔이 많은가 하는 시시콜콜한 질문까지 대화를 나누면서 같이 그림을 그려 나간다.

"눈여겨보는 건물은 길고 좁은 형태인가 보네요. 테이블은 네 개고요. 문을 열면 무엇이 가장 먼저 보이나요?"

사실은 전혀 결정된 바가 없더라도 누가 물어보면 좋든 싫든 상상할 수밖에 없고, 질문에 대답하다 보면 어느새 그림이 점점 선명해진다. 나는 그림을 선명하게 그릴 수 있으면 이미 실현한 셈이나 마찬가지라고 본다.

번뜩 떠오르는 이유는

번뜩일 때까지 파고들어서

대화와 상상력을 동원하여 그림을 구체화하는 일련의 사고방식이 아니라 무엇인가 '번뜩 떠오르는' 비약적 사고는 어떻게 해야 가능할까?

한끼알바며 맞춤반찬이며 미래식당은 가게를 대표하는 시스템의 이름을 전부 네 글자로 맞추었다. 이 일관성 때문인지 "세카이 씨는 어떻게 이런 이름을 생각해 내셨나요?"라고 많이들 물어본다. 답변하자면 우연히 번뜩 떠오른 것도, 고심 끝에 떠올린 것도 아니다. 그저 사고가 비약할 때까지 머릿속에 정보를 집어넣었다.

미래식당의 콘셉트는 '누구든지 받아들이고 누구에게나 어울리는 장소'이다. 사람과 사람이 서로 마주하는, 지금껏 없던 새로운 형태이면서 어딘가 예스러운 분위기가 있어 '그립고도 새로운 느낌'을 디자인 테마로 결정했다. 글자를 가지고 새로운 시스템을 그립게 표현하자는 아이디어는 생각을 거듭하다(그림을 계속 그려서) 떠올린 것이다. 그러나 가장 중요한 이름은 아무래도 생각하는 데 한계가 있었다. 왜냐하면 내가 모든 어휘를 알 턱이 없기 때문이다.

모르는 것은 생각나지 않는다. 예를 들자면 내가 하고 싶은 '손님이 원하는 반찬을 요령껏 실현하는 시스템'에 어떤 이름을 붙여야 한단 말인가.

이름과 콘셉트 문장은 당신이 이루고자 하는 세계관을 알리는 주요 수단이다.

이름을 지어야 할 때면 나는 도서관 사전 코너로 간다. 수십 권에 달하는 사전을 뒤적이면서 '이거다!' 싶은 단어를 찾는다. 지요다구 구립 도서관의 사전 코너 한구석에 털썩 주저앉은 사람이 있다면 십중팔구 나일 것이다. 사전은 워낙 무거워서 책상까지 여러 번 왕복하기가 힘들다. 바닥에 앉은 채 두 시간을 기준으로 쓸 만한 단어가 보일 때까지 사전을 몇 번이고 훑는다. 마음에 드는 단어를 찾고, 그 단어를 실마리로 유의어사전을 펼치고, 유의어의 정확한 뜻을 파악하기 위해 다시 사전을 펼치고…. 이 같은 작업을 반복해서 '손님이 원하는 반찬을 요령껏 실현하는 시스템'에 '맞춤반찬'이라는 이름을 붙였을 때는 내가 이루고 싶은 세계관이 한층 깊어진 느낌이 들었다.

나는 천재성을 지닌 인간이 아니다. 단어를 몇만 개는 족히 수집해서 원하는 하나를 찾아냈을 따름이다. 속사정을 모르면 재치가 번뜩이는 사람처럼 보일 수도 있겠지만 말이다.

새로운 아이디어를 떠올리려면 인풋이 필요하다. 시작하기 전뿐만 아니라 시작하고 난 뒤에도 그러하다. 인풋을 어떻게 지속하는가에 대해서는 3장에서 설명하겠다.

판단: 기준을 세워서
판단 속도를 높인다 ────────────

    생각을 행동으로 옮길 때는 '판단'이 요구된다. 판단에 긴 시간을 할애하면 앞으로 나아가지 못하기 때문에 판단을 '즉시' 내리는 일은 아주 중요하다.

    "그야 그렇지만 저는 성격이 우유부단해서요"라고 고민하는 사람도 많을 듯싶다. 판단하는 속도도 사람마다 제각각이다. 내가 즉시 판단하기 위해 중시하는 사항이 두 가지 있다.

판단 기준을 만든다

                    한끼알바생 중 간혹 본인이 열 가게에서 대접하고 싶은 요리를 미래식당에서 발표하게 해달라거나 식자재를 가져오는 대신 수익을 지역에 기부해달라는 이야기를 하는 경우가 있다. 제안을 들은 나는 대체로 "좋네요! 해 봅시다. 언제 할까요?"라고 곧장 승낙한다.

    나로서는 그것이 손님을 위한 일이고(평소와 다른 새로운 요리를 만나는 기쁨), 가게에 큰 손실을 끼치지 않는다면 당장 판단해도 아무런 지장이 없다. 내가 미래식당을 운영하면서 즉시 판단할 수 있는 이유는 간단하다. 판단의 기준을 미리 만들어 두기 때문이다.

- 손님을 위한 일인가
- 가게에 큰 손실은 없는가

위의 두 가지만 확인하면 앉은자리에서 판단이 가능하므로 스트레스도 받지 않는다.

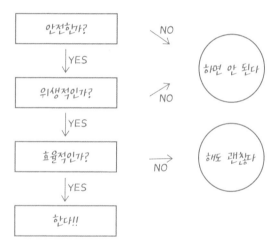

우선순위를 명확히 한다

실제로 사업이 진척되기 시작하면 판

단을 필요로 하는 상황이 예상보다 많이 생긴다. 그때마다 판단의 기준을 늘리면 즉시 판단하기가 어렵다.

음식점을 창업하는 경우에는 가게의 내장 공사가 진행될수록 시공자에게 "A와 B 중에서 어느 쪽으로 할까요?"라는 질문을 자주 받는다. 무슨 일이든 계획대로 순조롭게 풀리지만은 않는 법이다. 막상 뚜껑을 열고 보니 가스가 부족하다든가 측정값이 다르다든가 해서 시공자가 "어떻게 할까요?"라고 물어도 확신을 갖고 대답하기란 불가능하다.

나 역시 처음에는 망설이며 대답했다. 잘 모르는 분야라 판단을 내리기가 난감했다. 그래서 채택한 방법이 우선순위 매기기다. 가게 내장 공사에서는 우선순위를 아래와 같이 결정했다.

- 안전한가
- 위생적인가
- 효율적인가

효율만 따진다면 높이가 190㎝를 넘는 곳에도 선반을 달 필요가 생긴다. 하지만 높은 위치에 쟁반이나 냄비 같은 물건을 올려놓으면 굉장히 위험하다. 나는 그럴 일이 없어도 언젠가 다른 사람이 위험한 물건을 올려놓을지 모른다. 실은 내가 일했던 어느 정식집에서 190㎝가 넘는 수납장 위에 스테인리스 쟁반을 보관했다. 수시로 사용하는 물건이라 꺼내기 쉽게 앞쪽에 두었는데 그 아래를 지나다닐 때마다 '혹시 떨어지면 어떡하지?' 하며 불안해했다.

손님 입장에서나 일하는 사람 입장에서나 '안전'이 최우선이다. 미래식당은 음식점이니 안전 다음으로는 '위생'이 중요하고, 두 가지가 갖춰지면 그 다음으로 '효율'을 추구한다.

이렇게 적어 놓으니 뻔한 소리처럼 보이지만 나는 쭉 이공계에 몸담았던 탓인지 나도 모르게 '더 효율적일 수는 없을까?'라고 생각하게 된다. 손님에게 보탬이 되는 효율화라면 하등 문제가 없겠으나 그것이 위험을 동반한다면 본말전도나 다름없다.

앞에서 언급한 시공자의 문의에도 안전, 위생, 효율을 순서대로 파악하니 큰 부담 없이 이해가 가는 판단을 내릴 수 있었다. 효율적인 A보다 더 안전하고 위생적인 B를 선택하는 식으로 말이다.

이처럼 우선순위를 매기는 사고방식은 세계 유명 테마파크인 디즈니랜드에서도 채택하고 있다.

① Safety 안전

② Courtesy 예의

③ Show 쇼

④ Efficiency 효율

무조건 이 순서를 기준으로 행동하라고 배웁니다.

손님에게 기쁨을 드리기 위해 가장 중요한 것은 안전입니다.

디즈니랜드가 아무리 "꿈과 마법의 나라"일지라도 한번 사고가 발생해 버리면 모든 것이 무너집니다. 따라서 예절이나 오락성이나 효율보다도 손님과 설비의 안전을 최우선으로 중시합니다.

출처: 우에다 히로시, 《디즈니랜드와 미쓰코시에서 배운 일본인만 할 수 있는 '배려'의 습관》, 크로스미디어 퍼블리싱

나는 지금도 새로운 현상을 받아들일 때는 어김없이 안전, 위생, 효율을 순서대로 확인한 다음 행동으로 옮긴다.

여기까지가 내가 새로운 일을 시작할 때 실천하는 사항이다.

학습: 기존 지식을 철저히 배운다

새로운 일을 시작하고 싶지만 어디서부터 손대야 할지 막막할 때는 기존 요소와 혁신 요소로 나누어 생각한다. 그리고 기존 요소를 속속들이 파악한다.

공개: 행동과 발표는 언제나 함께

'언젠가 다른 사람에게 보여줄 만한 수준이 되면 발표하자. 지금 공개해 봤자 우스울 뿐이다'라고 겁내는 것은 어리석다. 100퍼센트 완벽하게 완성하는 날 따위는 절대로 오지 않는다. 불완전할지라도 믿음직한 열정, 노력하는 모습이 사람의 마음을 움직이는 열쇠가 된다.

구체화: 그림이 명확하게 그려지면 완성한 셈이나 마찬가지다

상대방의 가슴이 뛸 만큼 선명한 그림을 그릴 수 있는가. 이것 이야말로 아이디어의 성공 확률을 나타내는 지표이다.

판단: 기준을 세워서 판단 속도를 높인다

할지 안 할지 판단하는 일에 시간을 허비하면 앞으로 나아가지 못한다. 자기만의 기준을 세워서 판단하는 시간을 조금이라도 아낀다.

3장

시작한 일을
지속하려면
-
효율

지속하기 어렵다 ──────────

　무엇인가를 시작하려면 에너지가 필요하다. 그런데 시작한 일을 '지속하려면' 또 그만큼의 에너지가 필요하다. 일이 돌아가기 시작하면서 도저히 처리할 수 없는 문제가 불거지고, 계속하고 싶다는 의욕 자체를 떨어뜨리는 사건이 곧잘 터지는 까닭이다.

　나도 가게를 차리고 보니 일이 어찌나 많은지 상상을 초월했다. 창업하기 전에 각기 다른 음식점 여섯 곳에서 아침부터 밤까지 일하며 어느 정도 각오를 다졌는데도 그랬다.

　미래식당으로 가는 길에 테이크아웃 전문 카페가 있다. 앞을 지나칠 때마다 한번 마셔 보고 싶었는데, 미래식당을 창업하고 일 년은 훌쩍 넘긴 어느 겨울날에야 처음으로 커피를 주문했다. 미래식당의 개점 시간은 오전 11시지만 일과는 아침 8시부터 시작된다. 재료 손질을 비롯하여 이래저래 할 일이 산더미 같아서 꾸물거릴 새가 없다. 괜한 여유를 부렸다가 11시에 가게 문을 열지 못할까 봐 엎어지면 코 닿을 데 들를 몇 분조차 내지 못했다.

　누군가는 '참 고지식한 사람이네' 하고 웃을지도 모르겠으나 정말 그만한 여유가 없는 나날이 일 년도 넘게 이어졌다. 당신도 나처럼 되지 않으리라는 보장이 없다. 물론 뭔가에 몰두하는 태도 자체는 나쁘지 않다. 나도 팍팍하게 보낸 날들을 후회하지는 않는다. 다만 여유가 사라지면 지속적으로 일하기가 힘겨워진다.

정신없이 바쁜 나날 속에서 내가 몸으로 갈고닦은 지식을 당신에게 공개한다. 난관을 극복하고 모처럼 애써서 시작한 새로운 일을 모쪼록 순탄하게 지속했으면 좋겠다.

PDCA를 최고 속도로 돌린다 ━━━━━━━

- PDCA: 매니지먼트 사이클의 한 종류로 계획Plan, 실행 Do, 평가Check, 개선Act 네 단계를 반복하여 업무를 지속적으로 로 개선하는 방법

"PDCA를 돌린다"라는 말은 생소할 수 있지만 "계획, 실행, 평가를 최고 속도로 처리한다"라고 말하면 대충 짐작이 가리라 생각한다.

사전 계획이 아무리 완벽할지라도 실전에 임하고 나면 '이렇게 했어야 했는데!' 하고 깨닫는 점이 생긴다. 이때 관건은 얼마나 빨리 개선하는가이다.

"개선이 중요합니다"라는 조언은 흔하다. 이미 질리도록 들어서 귀에 딱지가 앉은 사람도 있겠지만 내가 하려는 이야기는 그런 추상적인 조언이 아니다. 나는 매일 반복되는 업무에 **어떻게 PDCA를 도입해야 하는지** 소개하려고 한다.

사람은 '아, 큰일이네'라는 생각만으로는 움직이지 않는다. 매일매일 반복되는 일과를 끝내고 나서 '이제 고쳐야지'라고 마음먹어도 심신이 고달프다. 노력하면 어떻게든 된다는 정신력으로 "PDCA를 빠르게 돌려 보자!" 하고 외쳐 본들 피곤할 따름

이다.

우리는 이러저러하게 개선하면 더 좋다는 사실을 안다. 알고 있지만 행동으로 옮기려니 영 귀찮을 뿐이다. 사람은 본질적으로 편해지고 싶어 하는 동물이라 어쩔 도리가 없다.

생각에 그치지 않고 행동으로 옮기려면 어떻게 해야 할까? 나는 '도구'와 '시스템'을 활용한다.

도구

: 손쉽게 사용할 수 있는 물건을 사용한다

개선할 점을 깨달았을 때 얼마나 편하게 행동으로 옮길 수 있는가. 이것이 반복적인 개선을 이끌어내는 핵심 요건이다. 되도록 손쉽게 개선할 수 있는(수정이 가능한) 도구를 사용하자.

마스킹테이프

예를 들면 미래식당에서는 마스킹테이프를 활용한다. 마스킹테이프는 붙였다 떼기가 쉬워서 얼마든지 다시 붙일 수 있다. 붙이고 나니 위치가 너무 높거나 손님에게 잘 보이지 않는다면 즉석에서 다시 붙이면 된다.

여기에 PDCA를 적용해 보면 어떨까?

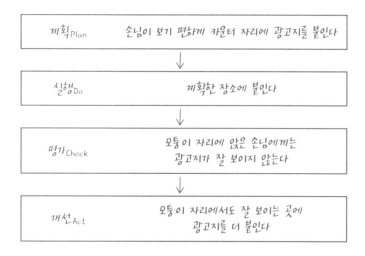

계획 Plan	손님이 보기 편하게 카운터 자리에 광고지를 붙인다
실행 Do	계획한 장소에 붙인다
평가 Check	모퉁이 자리에 앉은 손님에게는 광고지가 잘 보이지 않는다
개선 Act	모퉁이 자리에서도 잘 보이는 곳에 광고지를 더 붙인다

　글로 써 놓으면 별것 아니어 보이지만 여기서는 마스킹테이프를 사용한다는 점에 주목해야 한다. 점성이 약한(떼기 편한) 테이프를 사용했기에 몇 번이고 수정하는 일이 가능해진 것이다. 떼기 번거로운 방법으로 붙이면 '신경은 쓰이지만 그냥 두지 뭐' 하고 그대로 방치하게 된다. 이런 작은 개선이 쌓이고 쌓이면 큰 차이가 벌어진다.

애플리케이션(앱)

　요식업계에서 한 걸음 물러나 내가 엔지니어였을 적에 흔히 이용했던 '도구 고르는 방법'을 소개한다.

　당신이 어떤 서비스를 개발하면서 기존의 앱을 활용하게

되었다고 가정하자. 구체적으로 피부관리실 예약용 달력 앱을 골라야 하는 상황이라면?

피부관리실 전용으로 개발된 달력 앱보다는 일반적으로 두루 쓰이는 달력 앱(구글이나 야후처럼 이용자가 많은 종류)을 사용하는 편이 낫다. 앱이 특이할수록 자잘한 수정 사항을 반영하기가 어려워서 결과적으로 볼품없고 쓰기 불편하게 되기 쉽다.

인터넷 사이트가 필요할 때도 페이스북이나 트위터 같은 SNS를 이용하면 그날그날 공지사항을 간편하게 전달할 수 있다. 따로 의뢰해서 홈페이지를 제작하면 나중에 손보고 싶은 부분이 생길 때마다 일일이 남의 손을 빌려야 해서 번거롭다.

유지 관리 비용을 고려하여 '독자성이 적은' 앱을 고르는 것은 IT 업계에서는 흔한 사고방식이다.

매일 서비스를 운용하다 보면 '이건 이렇게 고쳐야겠는데'라는 마음이 자연스럽게 든다. 굳이 변경하기 어려운 도구를 사용해서 그 마음을 방해하지는 말자.

시스템

: 개선할 수밖에 없는 환경을 만든다

앞에서 "사람은 본질적으로 편해지고

싫어 하는 동물"이라고 썼다. 정말은 빈둥거리고 싶으면서 "하자! 바꾸자! 파이팅!" 하고 정신력만으로 움직이면 진이 빠지고 만다. 나도 그렇다. 하루 일과에 자주적으로 업무를 추가하는 일은 결코 호락호락하지 않다.

그럼 어떡하면 좋을까? 개선할 수밖에 없는 '시스템'을 만들면 된다. 미래식당에서는 매일 바뀌는 오늘의 정식과 한끼알바 시스템이 PDCA를 돌릴 수밖에 없는 환경을 조성한다.

매일매일 새로운 요리 '오늘의 정식'

미래식당은 매일 메뉴가 바뀐다. 좀처럼 같은 요리를 만들지 않고 또 만들게 된다면 2개월은 간격을 둔다. 매번 다른 메뉴를 만들기 때문에 '이번에는 햄버그스테이크가 약간 딱딱하게 됐으니까 다음에는 다진 고기에 두부를 넉넉하게 넣어서 부드럽게 만들자' 같은 반성도 가능하다. 덧붙여 딱딱해진 햄버그스테이크는 작게 잘라서 손님에게 제공하는 등 그때그때 최대한 그럴듯한 수준으로 완성해야 한다. 즉 메뉴가 매일 바뀌는 오늘의 정식은 PDCA를 빠르게 돌릴 수 있는 시스템이다.

한편 고정 메뉴가 대부분인 일반 음식점에서는 메뉴를 한 가지만 바꾸려고 해도 일이 커진다. 메뉴판 수정, 식자재 재검토, 새 메뉴 연습 등등 할 일이 대량으로 발생하기 때문이다.

매일매일 새로운 사람 '한끼알바'

50분간 일을 도우면 한 끼가 무료로 제공되는 한끼알바는 미래식당을 한 번 이상 방문한 사람이라면 누구나 가능하다. 고로 미래식당에서는 성별, 국적, 나이를 막론하고 온갖 사람이 아르바이트를 할 수 있다. 그러다 보니 미처 예상치 못한 실수도 발생한다. 키가 작아서 선반에 놓인 식기를 못 꺼내거나 색깔이 똑같은 두 종류의 세제를 헷갈리는 바람에 사고가 난 적도 있다. 이러한 실수에도 PDCA를 적용하면 '식기가 한눈에 보이도록 배치를 바꾸자', '가구용 세제와 식기용 세제는 다른 색깔로 된 제품을 사용하자' 등의 해결책을 마련할 수 있다.

다양한 사람이 참가하여 PDCA가 돌아가는 시스템은 어떤 사업에나 존재하겠으나 한끼알바는 하루에 최대 7명의 '초심자'가 번갈아 투입되는 시스템이다. 그래서 경험치(PDCA의 실행)가 축적되는 속도가 어마어마하게 빠르다. PDCA 사이클이 빠를수록 개선되는 사항이 점점 많아지는 것은 두말하면 잔소리다.

매일 메뉴가 바뀌면 개선하지 않으려야 않을 수 없고 매일 신입이 들어오는 환경에서는 환경과 가이드를 알기 쉽게 개선해야만 일이 굴러간다. 이처럼 어찌 됐든 개선할 수밖에 없는 상황을 시스템으로 만들어내는 것이다.

상식보다 효율을 우선시한다 ——————

'꼭 이렇게 해야 한다'라는 강박관념에 얽매여 있으면 결국 과로하게 되어 일을 지속하기가 힘들어진다. 상식보다는 효율 을 우선시하는 미래식당의 사례 두 가지를 소개한다.

편리하지만

좀처럼 쓰지 않는 목제 식기

미래식당에서 사용하는 밥그릇은 옻 칠한 목제 식기다. 보통 음식점에서는 목제 밥그릇을 잘 사용하 지 않는다. 목제품이라 깨지지 않을뿐더러 그릇에 담긴 밥도 잘 식지 않는데 말이다.

아무리 깨지지 않는다고 해도 플라스틱제 그릇을 사용하여 전반적인 품질을 떨어뜨릴 수는 없다. 더군다나 역사 속에서 사 기그릇을 밥그릇으로 쓰게 된 시기는 지극히 최근이다. 고급 옻 칠 그릇은 손님들의 평가도 좋고 깨지지 않아 안전하게 사용할 수 있다.

내가 목제 밥그릇을 선택한 이유는 일을 배우던 시절에 한 정식집에서 우연히 밥그릇이 깨지는 장면을 목격했기 때문이다. 사기그릇은 크고 둥그스름해서 충격에 약하다. 창업 초기에는 미래식당에서도 사기그릇을 써 봤는데 역시나 밥그릇이 눈에 띄게 깨졌다. 그러면 아예 깨지지 않는 밥그릇을 쓰면 되겠다 싶어서 사용하던 밥그릇을 싹 교체했다. 적은 비용으로 효율이 손에 들어온다면 지출을 아까워할 필요는 없다.

때로는 손님,
때로는 종업원

손님은 어디까지나 서비스를 누리는 존재라고 당연하게 인식하고 있으면 한끼알바처럼 '때로는 손님, 때로는 종업원이 되는 존재'를 떠올리지 못할 것이다. 하지만 한 끼 밥값(식당 원가율 30퍼센트 법칙에 대입하면 약 300엔)으로 50분간 업무 보조를 받는 시스템은 굉장히 효율적이다.

고생한다고 좋아할 사람은
아무도 없다 ——————————

앞서 1장에서 설명한 대로 당신이 고생한다고 좋아할 사람은 아무도 없다.

사업이 굴러가기 시작하면 앞서 이야기한 개선을 포함하여 할 일이 기하급수적으로 불어난다. 예컨대 미래식당은 음식점인 만큼 매일 청소에 신경을 써야 한다. 미리 각오는 했지만 실제로 해 보니 폐점 후 청소하는 데만 1~2시간씩 걸려서 매일같이 녹초가 되어 집으로 돌아갔다. 반면 지금은 폐점하기 1시간 전부터 슬렁슬렁 정리를 시작하여 폐점 후 30분 정도면 청소를 끝마치고 가뿐하게 귀가한다.

일하느라 힘이 들면 '나는 손님을 위해 이렇게 고생하는 거야!'라고 믿고 싶어진다. 미안하지만 실상은 결코 그렇지 않다. 손님이 정말 필요로 하는 노고 이외에는 전부 헛수고에 불과하다.

다음 사례를 보자.

A. 편하게 50명에게 식사를 제공한다

B. 힘겹게 10명에게 식사를 제공한다

손님은 어느 쪽이 더 만족스러울까? "편하게"라는 표현이 마음에 걸릴지도 모르겠으나 정답은 말할 것도 없이 A다.

'당연히 A 아닌가?' 하고 어리둥절해하는 사람도 있을 듯싶다. 그런데 막상 손님을 눈앞에 두면 무의식중에 무리하기 쉽다. '보통 정식에는 반찬을 세 종류 곁들이니까 반찬이 떨어지면 안 돼. 만약 한 종류라도 떨어지면 처음부터 다시 만들어야 돼'라고 고집하는 식이다. 솔직히 손님만 괜찮다면 반찬은 한 종류뿐이어도 무방하다. 그 대신 양을 좀 늘린다든가 반찬이 아닌 주요리의 양을 늘려서 대처해도 상관없다.

메인 요리를 더 준다거나 냉장고에 남은 요리를 내놓는 나의 대처 방식에 충격을 받는 한끼알바생도 있다. 그렇지만 '그것으로 모두가 만족하는 장면'을 두 눈으로 직접 보고는 "이래도 충분하네요"라고 말하기도 한다.

시작한 일을 지속하려면 – 효율

힘들이지 않고 배워 나간다 ━━━━━━━

일이 진전될수록 뜻밖의 잡무가 튀어나오는 바람에 시간을 왕창 잡아먹는 상황들이 벌어진다. 나 역시 초창기에는 휴일에도 장사 준비며 블로그 관리며 식자재 발주며 이것저것 처리할 일이 많아 통 쉬지를 못했다. 이때 경험을 바탕으로 원래 일주일에 하루였던 휴일을 이틀로 조정했지만 시간이 유한하다는 사실에는 변함이 없다. 그러므로 **힘들이지 않고 고급 정보를 흡수할 수 있는 근본적인 대책이 필요하다.**

'지금 이대로가 좋아!'라고 생각한다면 새로 무엇인가를 배울 필요는 없다. 단지 미래식당은 날이면 날마다 메뉴가 바뀌는 터라 레시피와 요리 기술을 수시로 흡수하지 않으면 손님이 지겨움을 느끼고 만다.

이쯤에서 정보를 흡수할 때 쓰는 나만의 '5배 규칙'을 소개한다.

5배 규칙

5배 규칙이란 자신이 제공하고 싶은 서비스보다 5배 비싼 서비스에 익숙해지는 것을 의미한다. 여기서

5배는 내가 정보를 얻을 때 그중에서도 레시피나 팁 같은 문자 정보가 아닌 경험치를 얻을 때 고수하는 행동 규범의 기준이라고 할 수 있다. 가령 옷가게를 열 예정이라면 자신이 제공하려는 가격대보다 5배 비싼 물건을 취급하는 옷가게의 단골이 되는 것이다.

미래식당을 예로 들면, 미래식당의 점심은 800엔(최초 1회만 900엔)이므로 대략 4000엔대 점심을 제공하는 가게에 드나들며 레시피와 서비스를 보고 배운다. 800엔짜리 점심을 내놓는 요리사가 다른 가게에서 800엔짜리 점심밖에 먹어보지 않았다면 내 입장에서는 반칙이다. **모방에는 반드시 품질 저하가 뒤따른다.** 800엔짜리 서비스를 모방한들 800엔 이상의 가치는 창출되지 않는다. 4000엔을 흉내 낸 800엔이어야 가치가 있다.

5배 규칙은 다른 사람들에게도 종종 이야기한다. 그때마다 "일하면서 맛있는 음식을 먹을 수 있다니 행운이네요"라는 소리를 듣곤 하는데 나로서는 행운이라고 느낀 적이 단 한 번도 없다. 어차피 내 주머니에서 돈이 나가는 데다 본디 나라는 인간은 식습관이 나쁘고, 식사에 무관심한 위인이다. 똑같은 음식만 계속 먹어도 전혀 괴롭지가 않다. 요리 연구차 모든 식사를 외식으로 해결해야 하는 처지가 아니었다면 내가 좋아하는 '식초 스파게티소금과 식초로만 맛을 낸 스파게티'만 줄기차게 만들어 먹었으리라. 심지어 학창 시절에는 일 년 내내 냉메밀국수와 시리얼만 먹고 살았다.

그런 사람이 먹고 싶어서가 아니라 오로지 연구하기 위해 식당을 선정하고, '먹고 배울 만한 요리 기술인가'를 기준으로 음식을 고른다. 이래서야 행운이라고 느껴질 턱이 없다. 게다가 나는 식사하기 전에 뭘 좀 먹어서 식욕을 없애 놓는다. 공복 상태로 음식을 섭취하면 요리에 대한 판단이 흐려지기 때문이다.

초반에는 무엇을 먹든 "네가 이 맛을 낼 수 있겠어?"라고 요리에게 추궁당하는 기분이라 맛이 느껴지지 않았다. 마음고생이 심했지만 5배 규칙을 수행하는 사이 차츰차츰 고급 요리와 서비스를 누리는 것에 익숙해졌다. 그러자 내가 느끼는 '보통'의 기준이 올라가서 평범한 정식을 만들어도 보다 세련되고 수준 높은 서비스와 분위기(식기, 집기 등등)를 제공할 수 있게 되었다.

5배 규칙은 가격에만 한정되지 않는다. 예전에 어느 편집자가 "잘 팔리는 책은 꼭 훑어봐요"라는 이야기를 했다. 내가 "잘 팔리는 책의 기준이 구체적으로 뭔가요?"라고 질문했더니 "발행 부수가 5만 부 이상이거나 주간 베스트셀러 1~5위에 든 책을 훑어봅니다"라고 수치화한 답변이 돌아왔다.

좋은 물품을 만들어내려면 인풋이 중요하다지만 무턱대고 많이 집어넣는 것만이 능사는 아니다. 어느 정도 기준을 수치화하고, 기준보다 높은 경험치를 입력하는 '○배 규칙'을 실행하면 고급 정보가 효율적으로 손에 들어온다.

지식을 따라잡는 질문법

다른 사람과 대화할 때 상대방이 기대하는 예비지식을 하나도 갖고 있지 않아서 난처했던 적은 없는가? 낯선 분야가 궁금할 때 다른 사람의 지식을 쉽게 얻으려면 어떤 질문을 던져야 할까?

딱히 뭔가를 시작한 상황이 아니어도 '이 사람이라면 분명 알고 있겠지!'라고 짐작해서 느닷없이 질문을 던지는 사람이 있다. 이를테면 "인공 지능에 대해 어떻게 생각하십니까?"라고 불쑥 물어보는 손님이나 "전업주부가 갑자기 가게를 여는 건 무모한가요?"라고 질문하는 한끼알바생.

나는 인공 지능에 대한 지식이 없으며, "무모한가요?"라는 질문에 담긴 정보만으로는 아무것도 알지 못한다. 이럴 때는 "모르겠습니다"라고 정직하게 대답한다. 그리고 두루뭉술하거나 일반적인 대답으로 그 상황을 모면하지 않도록 주의한다.

우리 사회에는 잘 알지도 못하면서 혹은 전제 조건이 불분명한 상태에서 질문을 얼렁뚱땅 받아넘기는 사례가 지나치게 많다고 느끼기 때문이다.

"XX를 어떻게 생각하십니까?"

"좋다고 생각합니다."

이런 얕은 수준의 대답을 내놓아서야 일부러 당신에게 질문한 의미가 없다. 역으로 당신의 질문을 받은 상대가 "괜찮아

보이네요"라고만 대답한다면 어떨지 생각해 보라. 질문을 이해하지 못했거나 질문에 별 관심이 없다는 느낌이 들지 않는가?

예비지식이 없다면 반문하면서 대화를 이어나가면 된다. 아까 이야기한 인공 지능 건도 마찬가지다. "인공 지능 기술이 얼마나 발달했나요? 실생활에 영향을 줄 정도인가요?"라고 물어보면 이어지는 상대방의 대답을 통해 '실생활은 물론이고 다양한 비즈니스에도 사용하고 있지만 아직은 발달 초기'라는 지식을 얻을 수 있다. 이렇게 하나하나 지식을 따라잡아 나가면 상대가 기대하는 답이 무엇인지 갈피가 잡히기 시작한다.

한번은 한끼알바생에게 "창업하려는데 남편의 협력을 구하지 못한다면 어떡해야 좋을까요?"라는 질문을 받은 적이 있다. 처음에는 어림짐작으로 "창업하려는 이유를 남편이 이해하지 못한다면 창업 자체에 결함이 있는 것은 아닐까요?"라고 대답했으나 아무래도 질문이 너무 막연했다. 반문을 거듭한 결과 "협력을 구하지 못한다면"의 의미가 '가사 분담이 이루어지지 못한다면' 이라는 사실을 알게 되었다. 그렇다면야 내 대답도 완전히 달라진다. 당시에는 "현재 가사량이 10인데 8 대 2로 분담하고 싶은 거라면, 차라리 총 가사량을 8로 줄이는 것은 어떨까요? 그럼 남편에게 2를 맡기지 않아도 본인의 가사량은 8이되니까요. 분담이 어려운 상황이라면 일단 분담을 할 필요가 없는 방향으로 검토해 보세요"라고 말씀드렸다.

상대방의 대답이 과녁을 비껴가더라도 빗나간 지점부터 다시 질문하는 사람은 드물다. 물어보는 쪽이건 대답하는 쪽이건 질문을 차근차근 **쌓아서 답변의 정확도를 높이고, 지식을 포착**하는 작업을 거의 하지 않는다. 앞의 사례도 내가 누차 되묻지 않았다면 진의를 파악하지 못한 채 끝났을 것이다.

내가 대화하는 모습을 자주 지켜본 분이 "세카이 씨는 질문하는 능력이 뛰어나군요"라는 말을 한 적이 있다. 지식을 **따라잡**아 생각을 공유하기 위해 집중하는 자세 때문이라고 생각한다.

질문이라는 행위가 자신의 무지를 까발리는 것 같아 창피할 수도 있다. 그러나 창피스러워 해 봤자 무슨 소용이 있겠는가. 나는 대화가 시작된 순간 "준비, 땅!" 하고 신호총이 울린 것처럼 의식적으로 지식을 붙잡으려 노력한다. 이런 자세는 질문을 받을 때뿐 아니라 내가 모르는 정보를 다른 사람에게서 배울 때도 유용하다.

이익을 환원한다 ────────────

'내가 벌어들인 돈'이 곧 '내 돈'은 아니다. 손님에게 받은 돈은 "응원합니다!"라는 지지표와 같다. 독점하고 있어서는 그 마음에 응답할 수 없다. 대수롭지 않은 사례이지만 내가 손님에게 어떻게 보답하고 있는지 공개하고자 한다.

자신에게 투자한다

5배 규칙과 같이 이익의 일부를 써서 식견을 넓히는 방식으로 손님에게 돌려준다. 이 태도를 견지하지 않으면 순식간에 신선미가 사라져 손님에게 지겨움을 유발하고 만다. 시작하고 나면 통감하듯이 일과를 소화하는 데만도 힘이 부쳐서 늘 똑같은 서비스를 제공하게 되기 때문이다.

서비스 품질에 관해서는 절대 인색하게 굴면 안 된다. 사비를 들여서라도 더 높은 가격대의 서비스에 익숙해져야 동일한 가격대의 경쟁자와 차이를 벌릴 수 있다.

요식업은 소비자와 대면하는 사업이고 꾸려가다 보면 나의 성장을 함께 기뻐하는 손님도 많다. 응원하는 대상이 성장하는 모습은 누구에게나 기쁨을 준다. 다시 말해 당신이 당신 자신에게 투자함으로써 손님에게 보답이 가능하다.

기부한다

　　　　　　　미래식당에서는 매달 마지막 주 화요
일을 기부정식의 날로 정하고, 이날 매출액의 절반을 기부한다.
기부처는 다양하다. 한끼알바생이 "제 고향에 기부하고 싶습니
다. 식자재도 전부 제공하고, 제가 영업도 뛸 테니 이번 기부정
식은 저희 고향 NPO농업단체의 활동자금으로 기부해 주십시
오"라고 부탁한 적도 있다. 다른 요청이 없다면 JPF Japan Platform,
특정비영리활동법인 재팬 플랫폼라는 인도적 국제지원조직에 기부한다.
기부처로 신뢰할 만하고 중립적인 단체여서 선택했다.
　　사회에 기부하는 방식은 손님에게 직접 이익을 돌려주지는
않지만 다른 장점이 있다.

- 자신의 돈이 사회에 보탬이 되므로 손님 입장에서 보면
  기분 좋다
- 가게와 손님이라는 폐쇄적 관계가 사회와 이어지며 개
  방적 관계로 변한다

　　단, 사업은 '어디까지나 자선 활동이 아닌 사업이고, 이익

창출이 최우선 과제'라는 사실을 잊지 말아야 한다. '좋은 일이
니까 기부하자'라는 마음으로 적자를 내서는 안된다.

기부가 목적이 아니다. 많은 손님에게 가치를 인정받아서
수중에 돈(지지표)이 모였으니 그중 일부를 기부 형태로 '보답'하
는 것이다.

매달 기부정식의 날이면 손님에게 사탕이나 초콜릿 같은
소소한 서비스와 함께 편지를 전달한다. 편지에는 "오늘 매출액
은 절반을 기부합니다. 지난달 기부액은 XXX엔이었어요. 미래
식당을 찾는 손님이 계시기에 이렇게 기부할 수 있습니다. 항상
감사드립니다"라는 내용을 적는다. 이로써 기부라는 대의명분
이 아니라 '손님에 대한 감사가 첫 번째'라는 태도를 꾸준히 드
러내고 있다.

"손님이 계시기에"라는 마음을 자기 나름대로 어떻게 표현
할지, 그 방식을 궁리하면 궁리할수록 손님에게 기분 좋은 서비
스를 하게 된다.

바꿀 것과 유지할 것 ────────

"지속하다"와 "변함없다"는 같은 뜻일까?

꼭 그렇지만은 않다. 오래 계속하는 동안 이념이 달라진다거나 방향을 전환해야 할 사정이 생길지도 모른다. 그럼 무엇을 바꾸고, 무엇을 유지해야 할까? 혹시 '끊임없이 성장해야 하는' 자본주의적 세태 때문에 고민하고 있지는 않은가?

이념은 불변하고
형태는 변한다

현재 미래식당은 카운터석 12개가 전부이다. 지금 이 형태가 최선이어서 앞으로도 바뀌지 않고 계속 유지될까? 나는 그럴 리 없다고 생각한다.

미래식당의 이념(경영 철학)은 '누구든지 받아들이고, 누구에게나 어울리는 장소'이다. 이러한 이념을 구체화한 맞춤반찬을 실현하려면 정식집이라는 형태가 필요했다. 나는 사업 감각이 뛰어나지 않아서 지금 형태에 정착했지만 나보다 우수한 사람이 미래식당과 이념을 같이한다면 더 나은 형태로 성장할 가능성이 있다.

첫 번째 주자로서 미래식당을 시작한 나의 임무는 이념의 바통을 이어받아 줄 두 번째 주자를 찾고, 찾을 때까지 이념을 전파하는 일이다. 내가 본업을 운영하는 틈틈이 책을 집필해 당신을 응원하는 이유도 여기에 속한다.

겉으로 보이는 형태가 변할지라도 그 속에 담긴 마음은 변하지 않는다. 주변에서 뭐라고 이야기하든 스스로 '새로운 단계로 진입해야지, 한층 발전된 뭔가를 시작해야지'라는 판단이 들면 지금 있는 자리에서 발을 내딛어야 한다.

계속 성장해야 한다는
속박에서 자유로워진다

경제성장률이라는 단어까지 꺼낼 필요도 없이 사회란 '끝없는 성장'을 요구하는 집단이다. 왜 시작하고 나면 계속 성장해야 할까? 무슨 일이 있어도 그래야 할 필요는 없지 않을까? 미래식당은 월 매출액이 110만 엔 남짓한 작은 음식점이라 태평한 소리처럼 들릴지도 모르겠지만 내 소신을 전하고자 한다.

욕심에는 끝이 없다

미래식당은 나 혼자 꾸리는 자그마한 가게다. 종업원을 고용해서 정기 휴일을 없애고 영업시간을 늘리면 매출액은 증가한다. 하지만 그렇게 계속 수익을 확대하는데 어떤 의미가 있을까?

이 원고를 쓰는 지금, 나는 임신 8개월째로 머지않아 출산 휴가를 내야 한다. 어쩌면 당신이 이 책을 손에 들었을 즈음일지도 모른다. 내가 쉬는 동안 미래식당은 어떡하면 좋을까? 사람을 고용하면 가게 운영이야 계속할 수 있지만 정말 그래야 할까?

미래식당은 바쁜 평일 점심시간대에 빠르게 균형 잡힌 정식을 차려내므로 손님에게 높은 가치를 제공한다. 매일 오시는 분이 전체 손님의 10퍼센트를 차지한다는 점도 이를 뒷받침한다. 따라서 손님에게 가치를 제공하기 위해 미래식당의 운영을 지속하는 것이 '바람직'할 수도 있다. 다만 자꾸자꾸 위로 올라가다 보면 어디선가 무리가 발생한다. 미래식당은 소규모 가게이고, 매달 공개하는 월말 결산에 적혀 있다시피 수익도 넉넉하다. 그러니 쉴 때는 쉬면서 할 수 있는 만큼만 해도 충분하다고 생각한다. 평온하게 성장하는 방식도 '바람직'할 수 있다.

새로운 아이디어를 제안할 사람은
총책임자인 당신뿐이다

현재 위치에서 지속적으로 이익을 창출하는 일도 중요하지만 지금보다 더 새롭고 좋은 형태를 찾아나가는 것도 중요하다. 다른 쪽으로 방향키를 꺾는 일은 총책임자인 당신밖에 하지 못한다.

계속 똑같은 일만 반복하고 있으면 새로운 아이디어를 짤 여유가 생기지 않는다.

나는 미래식당의 성공('누구든지 받아들이고, 누구에게나 어울리는 장소'라는 이념 전파)이 음식점이라는 형태에 달렸다고 생각하지 않는다. 그러므로 욕심 부리지 않고, 쉴 수 있는 만큼 쉬면서 책 집필과 같은 새로운 일에 도전하거나 참신한 형태를 탐색하는 일이 지금의 나에게는 필요하다.

물론 나만 그렇지는 않다. 이 책을 손에 든 당신도 당신을 응원하는 팬들에게 '이번엔 뭘 보여줄까?'라는 기대를 받고 있을 게 틀림없다.

PDCA를 최고 속도로 돌린다

완벽한 계획도 실전에서는 개선할 점이 생긴다. 관건은 얼마나 빨리 개선하는가이다. 그러기 위해 필요한 것은 "얼른 힘내서 개선하자!"라는 정신력이 아니라 '시스템'과 '도구'이다.

상식보다 효율을 우선시한다

상식에 얽매여 있으면 일을 지속하기가 힘들어진다. '밥그릇은 원래 깨지는 물건'이라고 여기기보다는 깨지지 않는 밥그릇을 사용한다.

고생한다고 좋아할 사람은 아무도 없다

형편을 고려하지 않고 무리해서 하는 일은 오래가지 않는다. 손님이 만족한다면 밥 대신 빵을 대접해도 괜찮다.

힘들이지 않고 배워 나간다

일을 시작하고 나면 급격히 바빠진다. 그럴수록 힘들이지 않고 정보와 지식을 흡수할 수 있는 대책이 필요하다. 효율적으로 배울 수 있다면 다소의 지출은 아까워하지 않는다.

이익을 환원한다

손님에게 받은 돈을 독점하지 않는다. 다시 돌려주면 돌려줄수록 크게 돌아온다.

바꿀 것과 유지할 것

중요한 것은 겉모습이 아니라 이념이다. 형태는 시간이 지나면 변하기도 한다. 그러나 그 속에 담긴 이념은 변하지 않는다.

4장

시작한 일을
널리 알리려면
-
홍보

알리는 방법 ──────────────────

당신이 시작한 새로운 일을 많은 사람에게 알리고 싶지는 않은가? 알리기 위해 블로그를 열었건만 기대한 만큼 반응이 돌아오지 않거나 도무지 생각대로 풀리지 않는 사람도 있을 것이다.

다른 사람에게 널리 알리고 전달하려면 무엇에 주의를 기울여야 할까?

"미래식당을 모르는 사람은 없다!"라고 말할 수 없지만 자리가 12개뿐인 손바닥만한 정식집치고는 과분하게 많은 사람이 미래식당을 안다. 이번 장에서는 내가 미래식당을 홍보하면서 깨달은 바를 전하고자 한다.

정보를 전달하는 방식은 직접 발신(본인이 직접 알림)과 간접 발신(텔레비전, 신문, 인터넷 등의 매체가 대신 알림) 두 가지로 나눌 수 있는데 이 장에서는 직접 발신을 할 때 내가 유의하는 점을 소개한다.

미래식당은 얼마나 알려졌을까 ─────

'미래식당처럼 거점이 있는 서비스는 인근 주민에게만 홍보하면 되지 않나?'라고 생각하는 사람도 있겠지만 내 생각은 다르다. 지리상의 제약 등으로 내점이 불가능한 사람일지라도 정보를 전달하면 '와, 이런 식당이 있구나! 언젠가는 미래식당에 가 봐야지'라고 생각할 수 있다. 나는 모집단의 확대가 장기적 관점에서 손님 모집 및 이념의 전파로 이어진다고 확신한다.

그렇다면 미래식당은 과연 얼마나 알려졌을까? 이번 장의 소재는 직접 발신이므로 텔레비전이나 인터넷 매체 등이 아니라 내가 직접 인터넷상에 올린 '미래식당의 문장'이 얼마나 큰 반향을 모았는지 살펴보자.

- 무료 식권에 대한 공지문 ─ 약 6,000회 공유
- 〈닛케이 우먼〉 올해의 여성상 수상 연설문 ─ 약 2,000회 공유

미래식당을 취재한 기사 중에는 공유 횟수가 약 60,000회를 기록한 글도 있는데, 그것은 내가 직접 쓴 글이 아니므로 제외했다.

'공유'는 개인이 자신의 SNS상에서 "이 글 재미있더라!" 하고 다른 이용자에게 발신하는 행위를 가리킨다. "재미있다"라는 감상을 넘어 주위에서 반응을 보인 셈이니 글이 그 사람에게 가닿았다고 해석할 수 있다.

어떤 숫자가 큰지 작은지는 사람마다 느낌이 다르겠으나 "개인 블로그 글이 1000회 넘게 공유되다니 대단하네요"라는 의견이 꽤 많다는 점을 감안하면 적지는 않은 듯싶다. 블로그 게시물을 엮은 책《미래식당이 만들어지기까지》도 내 블로그를 본 출판사 편집자분이 마음을 움직였기에 집필 의뢰가 들어온 것이다. 책을 읽은 감상도 적잖이 받았다. 이만하면 글 자체만으로 마음이 전해졌다고 해도 무방하지 않을까?

글을 쓰는 방법 ────────────────

핵심은 당신에게 가닿는 것

글을 쓸 때 가장 중요한 것은 '당신'에게 가닿는 일이다.

인터넷을 통한 직접 발신은 편지와 달리 일대다로 이루어진다. 일대일 전달도 아닌데 '당신'에게 가닿는다고 하면 언뜻 모순되어 보일지도 모르겠으나 실상은 다르다.

불특정 다수에게 쓰는 글이니만큼 오히려 읽는 사람이 '이건 나를 위한 메시지야'라고 생각하게끔 만들어야 큰 반향을 불러올 수 있다. '큰 반향'이라는 결과만 기대해서는 안 된다. 한 사람 한 사람에게 편지를 쓰듯 작성하는 미래식당의 글이 결과적으로 큰 반향을 불러왔다는 점을 염두에 두어야 한다.

나는 '요즘은 못 만나지만 사이좋은 중고등학교 시절 친구'를 블로그 구독자로, '외국인에게 모국의 장점을 더 알리려고 시도하는 한끼알바생'을 이 책의 독자로 상정하고 있다. 외국인 운운은 '음식 이외의 시도'라는 것을 구체적으로 상정하고자 붙인 조건이다. 독자를 어느 수준까지 상정하느냐에 따라 글이 달라지기 때문이다.

독자를 구체적으로 의식하지 않으면 자칫 무의미한 글을

시작한 일을 널리 알리려면 – 홍보

쓰기 십상이다. 가령 "오늘 메뉴는 ○○입니다!"라는 글은 식당
을 방문하지 못하는 상당수의 독자에게는 아무런 의미가 없다.

정해진 방식에
휩쓸리지 않는다

이는 SNS와 같은 인터넷상의 글에만
해당하는 이야기가 아니다.

그동안 내가 쓴 책을 판매하는 서점에 인사차 방문했을 때
의 일이다. 기회가 되면 즉석에서 피오피 광고_{상점이나 그 주위에서 이}
_{루어지는 일체의 광고}를 작성해 책 옆에 둘 속셈이었던지라 다른 책의
피오피 광고며 친필 사인지가 저절로 눈에 들어왔다. 그런데 어
느 사인지에나 너나없이 "○○ 서점 귀하, 잘 부탁드립니다"라
고 적혀 있어서 깜짝 놀랐다.

사인지를 보는 사람은 서점 손님이다. 책을 살까 말까 망
설이는 손님에게 메시지를 전해야 할 판에 서점을 향해, 심지어
"잘 부탁드립니다"라고만 쓰다니. 사인지를 받은 서점에서도
유명한 작가의 친필 사인이니까 마냥 기쁜 마음으로 놓아두었
을 것이다. 나중에 내가 친필 사인을 작성하게 되었을 때도 똑
같은 상황이 될 기미가 역력해 보였다. 유명한 작가는 매일 수
십 장씩이나 되는 사인지를 써야 하므로 부득이 효율화를 고려

한 형태가 나온 것이리라.

여하튼 나 같은 무명작가가 똑같이 굴어서는 안 된다. 고민 끝에 내 피오피 광고에는 '이 서점에서 미래식당까지 가는 방법'을 간략하게나마 덧붙였다. 그곳만의 특별한 분위기와 가게가 실제로 존재한다는 사실을 매력적으로 전달했다고 생각한다. 미래식당에 찾아와 "피오피 광고가 다른 책과 달라서 인상 깊었어요"라고 칭찬해 주신 손님도 있었다.

단어부터 다듬는다

"당신의 보통에 맞추어 드립니다."

미래식당의 콘셉트를 담은 문장이다. 단순하지만 "좋은 메시지네요!"라는 칭찬을 많이 듣는다.

전하고 싶은 내용을 단어부터 다듬어 표현하는 사람이 얼마나 있을까? 내가 보기에는 기존에 남들이 좋다고 하는 단어나 문장을 빌려서 표현하는 사람이 대부분인 듯싶다. 당신은 자기 생각을 자기만의 언어로 표현할 수 있는가?

자기 혼자만 알 법한 단어를 마음대로 써도 된다는 뜻은 당연히 아니다. 예컨대 맞춤반찬이라는 단어는 약간 궁금스러운 뉘앙스와 고전적인 분위기를 연출한 표현이다. 전하고자 하는 내용에는 기존의 뉘앙스를 바탕으로 깔고 새로운 의미를 부여

해야 한다. 기존의 언어를 무시해서도 안 되고, 지나치게 비약해서도 안 된다. 그랬다가는 독불장군처럼 보이고 만다.

언어를 세심하게 구사하려면 좋은 문장을 많이 접하는 일이 중요하다. 책 중에서도 되도록 문체에 특색이 있는 작품을 추천한다. 독서법은 저마다 다르겠지만 나는 마음에 드는 작가를 발견하면 무조건 그 작가의 모든 작품을 훑어본다. 개인적으로는 미시마 유키오 작가의 《금각사》가 수식어도 화려하고, 인물의 심리를 한 문장으로 짧게 묘사하는 솜씨도 탁월하다고 생각한다. 눈이 번쩍 뜨이는 문장을 몇 번이나 읽고도 내 것으로 삼지 못했다는 점이 유감스럽기는 하지만 말이다.

글의 내용 —————————

홍보뿐인 글을 읽고 싶어 할
사람은 없다

　　　　　　어떤 음식점에서 공지문을 올린다고
가정해 보자. 글에 메뉴명만 나열하거나 무작정 "와 주세요!"라
고 쓰기보다는 "연일 날씨가 더워서 차가운 수프로 준비했습니
다", "새해 연초라 속이 더부룩하실 것 같아 현미죽으로 준비했
어요"라고 쓰는 게 낫지 않을까? 아니면 차라리 조리법을 알리
는 쪽이 읽는 사람에게 기쁨을 줄 것이라고 생각한다.

　　누군가는 '음식점으로 먹으러 와야 매출이 오르지, 조리법
공개라니 매출을 떨어뜨리는 자살행위다!'라고 경악할지도 모
르겠다. 그러나 조리법을 알아도 가게에서 만드는 음식만큼 완
성도를 높이려면 여러 요소가 필요하다. 크게 봤을 때 '미래식
당은 멀어서 못 가지만 확실히 죽이 좋겠네. 집에서 만들어 봐
야겠다'와 같은 모종의 친근감을 이끌어내는 편이 더 이득이다.
무엇을 써야 읽은 사람에게 득이 되는가. 그것을 헤아리면 결과
적으로 자신에게도 득이 돌아온다.

　　나 같은 경우는 예전에 배달전문점에서 일하며 배운 '양배
추 써는 방법'과 '식칼 고르는 요령'을 여러 장의 사진과 함께 블

로그에 게시했다. 그러자 인터넷에서 "양배추 썰기"를 검색한 사람이 맨 먼저 접하는 글이 되었고, 덩달아 미래식당도 많은 사람에게 알려졌다. 그렇다고 아무 정보나 마구잡이로 올려서는 안 된다. 잡다한 정보가 아니라 당신이 전문가로서 보유한 정보여야 가치가 있다.

모든 글에 유익한 정보를 담을 필요는 없지만 오로지 홍보뿐인 글을 읽고 싶어 할 사람은 아무도 없다. 그 점을 잊지 말아야 한다.

"와 주세요"라고 부탁하지
않는 이유

그럼 유익한 정보 이외의 글은 어떤 내용이면 좋을까?

나는 블로그에 그날 영업하면서 든 생각과 새 시스템을 도입하기로 한 경위를 게시한다. "이런 생각을 하고 있습니다"라고 정직하게 전하되 "와 주세요"라는 발언은 하지 않는다. 홍보 문구보다는 실제 사정을 전달하고 또 그래야 마땅하다고 생각한다.

"와 주세요"라는 말은 상대방을 그저 가게에 돈을 가져다주는 사람(손님)으로 보는 발언이다. 부탁을 받고 오기보다는

'가 보고 싶다!'라는 마음이 우러나서 방문하도록 손님을 사로잡아야 한다.

"그게 가능하면 이 고생을 하겠나"라고 불평하는 소리가 귀에 들리는 듯한데 효과적인 전략을 이미 소개했다. "요즘은 못 만나지만 사이좋은 중고등학교 시절 친구"를 블로그 독자로 상정하고 글을 쓰는 방법이다.

막역한 옛 친구에게 굳이 "와 주세요"라고 이야기할 필요가 있을까? 일부러 부탁하지 않아도 찾아와 줄 테고, 형편상 못 오더라도 '가 봐야지'라고 생각할 것이 틀림없다. 독자를 명확하게 상정하면 와 달라는 말 한마디 없이도 사업 운영에 관한 속내를 진솔하게 전할 수 있다.

블로그를 예로 들어 보겠다. 무료 식권 시스템을 도입하면서 나는 거기에 얽힌 사정을 게시물로 올렸다.

- 왜 이런 일을 하는가
- 어떻게 실현했는가
- 왜 이토록 평범한 이름을 붙였는가

글의 내용은 이것이 전부이고 와 달라는 이야기는 일언반구도 하지 않았다(설마 '무료 식권 손님은 와 봤자 돈벌이가 안 되니까 그랬겠지'라고 오해하는 분은 없으리라 믿는다).

시작한 일을 널리 알리려면 – 홍보

결론부터 말하면 이 글은 개인 블로그에서는 좀처럼 보기 어려운 공유 수(약 30,000회)를 기록했다. 신문과 인터넷 뉴스에서도 화제가 되어 "미래식당에 가 보고 싶어요!"라고 말하는 사람이 폭발적으로 늘어났다. 이것이 눈에 띄는 사례라고는 해도 모름지기 글에 감동한 독자라면 '가 보고 싶다!'라고 생각하기 마련이다. "와 주세요"로 성사된 방문은 손님의 마음 한편에 "와 줬다"라는 우월감을 주입하는 면이 없잖아 있지만 마음에서 우러난 방문은 첫인상을 능가하는 감동으로 이어지기 쉽다.

당신은 오랜 친구에게 진심으로 "현재 ○○ 실시 중! 꼭 한 번 와 주세요!"라고 홍보하고 싶은가? 아니면 그것을 실시하게 된 경위와 소신을 이야기하고 싶은가?

글을 쓰는 방법

불특정 다수를 겨냥하여 쓴 글은 결국 아무에게도 전해지지 않는다. 핵심은 '당신'에게 가닿는 것이다.

생각을 끝까지 밀고 나가면 자기만의 언어가 보인다. 정해진 방식에 휘둘리지 않고, 자기만의 언어를 찾을 때까지 철저하게 생각한다.

글의 내용

홍보뿐인 글을 읽고 싶어할 사람은 아무도 없다. "와 주세요", "사 주세요"라는 발언은 사람들에게는 그저 잡음일 따름이다.

사람들이 읽고 싶어할 유익한 정보가 담긴 가치 있는 글이어야 한다. 사람들이 찾아와 줄 것이라고 확신하고 글을 써보자.

　　　　　　　　　　　시작한 일을 널리 알리려면 – 홍보

SNS와 블로그에서
신경 쓸 점 ─────────────

나는 "SNS와 블로그에서 신경 써야 할 부분이 있나요?"라
는 질문을 자주 받는다. 내가 의식적으로 신경 쓰는 점은 아래
의 두 가지다.

악성 댓글을 신경 쓰지 않는다

신경 쓸 점으로 '신경 쓰지 않기'를 들자니 어쩌 묘하지만
인터넷상에서 도마 위에 오르는(악성 댓글을 받는) 것을 두려워
한 나머지 두루뭉술한 문장만 늘어놓은 글이 곧잘 보인다.

"신경 써야 할 부분이 있나요?"라는 질문도 아마 의식적이
든 무의식적이든 악성 댓글에 대한 생각을 듣고 싶은 마음에서

비롯되었을 것이다. 미안하지만 아무에게도 미움받지 않는 어중간한 글은 누구에게도 사랑받지 못한다. 악성 댓글은 응당 피해야 하겠으나 남의 시선을 지나치게 의식하면 독자를 감동시키는 글은 나오지 않는다. 일단 자신이 상정한 독자에게 가닿는 글을 쓰는 데 집중하자.

오자와 탈자를 한 글자라도 줄인다

오자와 탈자가 두드러진 글은 설득력이 없다. 사람이 하는 일인지라 실수를 아주 없애기란 불가능하겠지만 되도록 자신의 글을 '작품'으로서 인식하고 신중하게 작업하자. 오자와 탈자는 완성한 글을 여러 번 다시 읽을수록 줄어든다. 인터넷상의 게시물을 보면 다른 사이트를 인용한 글도 많다. 인용을 잘못하는 일은 출처에까지 누를 끼치므로 결코 있어서는 안 된다.

5장

사람의
마음을 움직이는

순간

어떻게 다른 사람의
마음을 움직였을까 ─────────

미래식당은 창업한 지 얼마 안 되어 많은 사람의 주목을 받고 대중 매체에서도 화제가 되었다. 미래식당의 사업 모델이 독자성을 지녔기 때문이다. 그리고 미래식당을 응원하는 팬의 증가도 한 가지 이유라고 생각한다.

나는 미래식당이 작은 정식집으로서는 굉장한 호의를 받고 있다고 느낀다. 전국 방방곡곡에서 찾아와 "○○에서 왔어요"라고 말하는 손님, "이런 시스템을 원했습니다"라는 내용이 담긴 메일, 손님과 농가 여러분이 이래저래 보내 주시는 먹을거리가 미래식당에는 끊이지 않는다. 미래식당의 인터넷 기사가 눈을 의심할 만큼 공유되고, 책 집필 의뢰가 잇따라 들어오고…. 연간 총 450명 남짓한 사람이 한끼알바를 하러 찾아오는 것도, 카운터석 12개짜리 정식집이 인건비 0원으로 월 매출 110만 엔을 기록하는 것도 인기가 뒷받침되었기에 가능한 일이다.

자만하고 싶지는 않다. 다만 미래식당의 무엇이 이토록 다른 사람의 마음을 움직였을까? 미래식당의 사업 모델과 이념 같은 표면적 요소 그리고 내 행동에 어떤 힌트가 있지 않을까?

내 입으로 "저는 다른 사람의 마음을 움직일 수 있습니다"

라고 말하자니 무안하기 그지없다. 그래도 입을 다물기보다는 숨김없이 전달하는 편이 새로운 시작을 앞둔 당신에게 분명 도움이 된다는 믿음으로 내 행동을 하나하나 돌아보고자 한다.

　　미리 말해 두지만 "이렇게 하면 마음이 움직인다!"와 같은 번지르르한 설명은 불가능하다.

　　단지 내 행동을 돌아봤을 때 '나는 이렇게 하는데 남들은 안 하는 것'이 몇 가지 있어서 정리했을 뿐이다. 그것이 전부 남의 마음을 움직이는 결과로 이어진다고 장담하기는 어렵겠지만 공감이 되는 행동을 받아들인다면 당신을 둘러싼 주변 풍경에도 변화가 생길지 모른다.

타인을 위해
노력을 아끼지 않는다 ——————

　나는 타인을 위해 노력을 아끼지 않는 유형의 인간이다. 타인을 위해 노력을 아끼지 않는다니 칭찬해 마지않을 미덕처럼 보이는가? 실은 칭찬은커녕 "왜 그렇게까지 하나요?"라고 신기해하는 사람이 많아서 딱히 자랑거리는 되지 않는다.

　예를 들면 모리오카에 사는 한끼알바생의 창업을 맞이하여 직접 찾아가 조언을 해 준 적이 있다. 그 사람이 수차례 한끼알바를 해서 가게에 기여했기 때문이 아니다. 그가 가게 일을 도와준 것은 두 번에 불과하다. 하지만 짧게나마 연이 닿은 사람이 어려움에 처했고, 내가 도울 수 있는 부분이 있다면 돕고 싶다. "고작해야 한두 번 도와준 사람한테 보통 그렇게까지는 안 하지"라고들 하는데, 나로서는 '이 사람은 돕고 저 사람은 돕지 않는다'라고 선별하는 일이 오히려 번거롭다.

　짐작하건대 나는 사람과 사람이 만나는 데서 생기는 에너지에 관심이 많은 듯싶다. 혼자일 때보다 누군가와 함께일 때 더욱 노력하게 되는 부분이 있다. 나의 행동 규범은 필시 이런 사고방식에서 유래했을 것이다.

　미래식당의 내장 공사가 진행된 한 달여 동안 나는 하루도

빠짐없이 현장을 방문했다. 하루의 시작과 끝에는 꼭 현장에 들러 시공자에게 인사하기로 결정했기 때문이다. 나도 음식점에서 일을 배우느라 고단했지만 자신의 일솜씨를 기뻐하는 사람(나)이 있으면 시공자도 보람차겠지 싶어서 매일매일 발걸음을 옮겼다. 공사가 심야에 진행될 때는 한밤중에 찾아뵙고, 집에 돌아갔다가 아침 댓바람에 다시 인사를 드리러 갔다. 힘들기는 해도 '일하는 분이 더 힘들지'라는 생각으로 자명종이 울리면 벌떡 일어나 현장으로 향했다.

　열심히 인사드린 덕인지는 모르겠으나 나중에는 "여기 선반이 있으면 편리할 테니 달아드릴게요"라며 꽤 좋은 선반을 달아 주셨다. 게다가 창업일에는 만일의 사태에 곧장 대응할 수 있도록 쭉 가게에 머물러 주셨다. 새로 창업한 식당에 시공자가 대기하고 있다니, 깜짝 놀랄 일이지만 매일 인사를 주고받는 동안 그만큼 관계가 형성되었다고 생각한다. 마치 자신의 가게처럼 신경 써주시던 모습이 지금까지도 무척 인상에 남아 있다.

　　　　　　　　　　　　　　　사람의 마음을 움직이는 순간

노력하는 모습을 감추지 않는다 ━━━━━━

앞서 말했듯이 노력하는 모습에 감동하면 사람은 상대방을 응원하고 싶어진다. 그런데 내가 보기에는 노력하는 모습을 겉으로 드러내는 사람이 별로 없다.

일례로 정식집을 열고 싶다던 한끼알바생이 텔레비전 방송국 인터뷰에서 "왜 한끼알바를 하고 계십니까?"라는 질문에 "요리를 배우려고요"라고만 대답한 일이 있다. 모처럼 홍보 기회가 왔는데 놓쳐서야 되겠는가. 자중하는 모습을 보다 못한 내가 "구니타치에 정식집을 열고 싶어서 공부하러 오셨어요"라고 멍석을 깔아 주었다. 그제야 "맞아요"라며 설명을 덧붙였지만 재촬영에서는 또 말하지 않고 넘어갔다.

어쩌면 '이룰 수 있을지 없을지도 모르는 목표를 공공연하게 드러내기가 민망해서' 그랬을 수도 있다. 충분히 그럴 만하다. 목표를 설명하는 일은 원래 멋쩍고 쑥스럽다. 그렇지만 그것을 극복하고 앞으로 나아가는 모습이 사람의 마음을 끌어당기는 법이다.

유명한 경제 평론가이자 베스트셀러 작가인 가쓰마 가즈요 씨의 저서 《유명인이 된다는 것》에 다음과 같은 인상적인 대목이 있다.

"일본 전국 어디를 가든 시간이 나면 서점을 방문해서 비즈니스 분야 담당자에게 인사를 드리고 명함을 교환했다."

가쓰마 씨는 독립하여 시작한 금융 사업에 실패한 뒤 거느리고 있던 사원들의 고용을 책임지고자 '유명인이 되자!'라는 목표를 내걸고 활동했다. 지금은 말 그대로 유명인사가 된 그조차 목표를 달성하기 위해 저토록 노력했다니 머리가 절로 숙여진다. 멍하니 민망해하고 있을 때가 아니다.

다만 한 가지 주의할 점이 있다. '노력하는 모습'을 드러내야지 '노력하지도 않는 모습'을 서슴없이 보여서는 안 된다. "이러저러한 일을 할 생각입니다!"라고 소원을 고백하는 것만으로는 타인의 관심을 끌지 못한다.

가늘고 길게 사귄다 ━━━━━━━━━

　　최근에는 트위터나 페이스북 같은 SNS가 발달하면서 친구
(사적인 정보를 서로 공개할 만큼 가까운 관계)가 되는 문턱이 퍽 낮
아졌다는 느낌이 든다. "한 번 만나면 친구! SNS로 소통해요!"
라는 사회 풍조도 개인적으로는 영 익숙해지지가 않는다. 왜냐
하면 사람과 사람 사이의 유대는 0과 1이라기보다 그러데이션
처럼 모호하다고 생각하기 때문이다.

　　내가 대인 관계에서 가장 중시하는 것은 '가늘고 길게 사귀
는' 일이다. 미래식당은 아마 첫 방문에 100퍼센트 만족할 수 있
는 정식집은 아닐 것이다. 미래식당의 간판인 맞춤반찬도 사실
'주문에 맞춰 일일이 만든 음식'을 내놓는 경우는 거의 없다. 이
미 만들어져 있는 반찬이나 후식을 적당히 차려내더라도 '맞춤
반찬은 아니었지만 참 편했어. 또 와야겠다!'라는 생각이 들도
록 대처한다.

　　나는 첫 방문에 '다 맛봤으니까 이제 충분해'라고 여겨지는
곳보다는 두세 번 방문하고 70퍼센트 정도 만족할 수 있는 장소
가 이상적이라고 생각한다. 이 또한 가늘고 긴 관계를 중시하는
내 가치관이 큰 영향을 끼치지 않았을까 싶다.

　　'한 번에 만족하지 않고, 최대한 쉽게 재방문할 수 있도록

배려하는' 태도는 계산할 때 건네는 '평생 할인권'에서도 드러난다. 미래식당을 처음 방문한 손님에게 주는 100엔 할인권은 제시하기만 하면 영구히 사용할 수 있다. 첫 방문 서비스로 손님을 끌어들이는 것이 아니라 단골손님을 우대하는 방식이 특이하다는 의견도 많이 듣는다.

나는 여러 번 왕래하며 서서히 알아가는 느슨한 관계가 좋다. 그래야 설령 오래 만나지 못하더라도 금방 다시 가까워지고, 결과적으로 쉬이 끊어지지 않는 관계가 된다. 하물며 사람과 사람이 앉은자리에서 '허물없는 친구'가 될 수 있을까? 내가 생각하는 친구란 세 걸음 다가갔다가 두 걸음 물러서기를 반복하며 그러데이션으로 사이를 조절하는 관계이다.

"내일 봐!"라는 싱거운 인사로 친구들과 느슨하게 이어져 있던 학창 시절. 그때는 아무런 약속을 잡지 않아도 그냥 그곳에 가면 누군가와 내일 또 만날 수 있었다. 나는 그런 형태의 관계를 소중하게 여긴다. 이런 성향이 남의 마음을 움직이는 데 어떤 도움이 될지는 모르지만 내가 소통하는 방식이 독특하다는 의견을 종종 들어서 참고 삼아 정리했다.

지금까지 정리한 내용을 실천한다면 당신에게 호의를 베푸는 사람이 하나둘씩 늘어날 것이다. 이어서 내가 호의를 받을 때 유의하는 사항을 소개하겠다.

사람의 마음을 움직이는 순간

호의를 독점하지 않는다 ————

3장에서도 말했듯이 남에게 받은 호의를 어떻게든 돌려주고자 하면 주위에서 만족할 확률이 높아진다. 이때 핵심은 반드시 당사자에게 보답할 필요는 없다는 점이다.

A에게 받은 호의를 B에게 보답하거나 어느 손님이 주신 먹을거리를 메뉴로 활용하여 손님 모두에게 보답해도 무방하다. 그 대신 '이것은 받은 것'이라는 사실을 꼭 전달해야 한다. "저도 손님에게 받은 거예요"라는 말을 덧붙여야 호의가 전해지고, 상대방 쪽에서도 '나도 무언가 받으면 가지고 올까?'라고 생각하기 쉬워진다.

요컨대 좋은 마음이 한 번으로 그치지 않고 계속 순환되도록 만들어야 한다. 순환이 지속되면 전체적인 공기가 달라진다.

많은 사람이 신기해하는 미래식당의 월말 결산과 사업 계획서 전면 공개 또한 나로서는 '지식과 정보를 공개해서 전체가 더 좋아진다면 그렇게 하지, 뭐'라는 정도로밖에 생각하지 않았다. 어쩌면 나에게는 혼자 이득을 독차지한다는 개념이 결여되어 있는지도 모른다.

음료 반입도 호의를 '어떻게 돌려줄지'를 고민하는 과정에서 탄생했다. 왜인지 미래식당에는 이런저런 먹을거리를 사다

주시는 분이 많아서 '가게가 독차지하기에는 과분'하다고 느꼈기 때문이다.

참고로 어떤 사람이 나눔을 즐기는 성향인지 아닌지는 평소 행동에서 드러난다. "오늘 잘 부탁드립니다. 이건 선물이에요"라며 간식이나 농작물을 가져오는 한끼알바생들만 봐도 여럿이 나눌 수 있는 과자를 가져오는 사람과 비싼 과자를 하나만 가져오는 사람이 있다. 후자의 한끼알바생은 '세카이 씨한테 드려야지'라고 생각했을 가능성이 높다. 그럴 때 나는 어떻게든 과자를 인수대로 등분한 다음 "오늘은 한끼알바생이 홋카이도에서 선물을 가져와 주었어요"라는 말과 함께 손님에게 대접한다. 선물을 대접하는 모습을 가까이에서 보고, 다른 사람과 나누는 기쁨을 알아주었으면 하는 마음에서다. 실제로 처음에는 손님에게 선물할 생각이 아니었던 한끼알바생도 선물 나눔이 계기가 되어 손님과 이야기꽃을 피우곤 한다.

사람의 마음을 움직이는 순간

호의를 가볍게 여기지 않는다 ——————

　　미래식당이 받는 호의의 근원적인 형태는 역시 한끼알바가 아닐까 싶다. 많은 사람이 호의를 베풀기에 운영이 지속되는 시스템이나 다름없기 때문이다. 따라서 가만히 앉아 받기만 하는 데 머무르지 않고, '또 돕고 싶다'라는 생각이 들도록 배려하는 태도가 몇 가지 있다.

선물을 들려 보낸다

　　　　　　　　아무리 호의에서 우러난 행동일지라도 정말 아무런 득이 없으면 '또 돕고 싶다'라고 생각하기는 어렵다. 그러므로 '요리를 배웠다', '다른 사람에게 보탬이 되었다'와 같은 플러스 감정(선물)을 가져갈 수 있게 주의를 기울인다.

배제하지 않는다

　　　　　　　　이를테면 사소한 것일지라도 모든 것을 공유한다. 한끼알바생이 맡은 작업이 접시 50개만 닦는 것이어도 그날 메뉴에 대해 안내한다. 모두가 한 방향을 바라보며 일해야 서로 배려할 수 있을뿐더러 소외감을 유발하지 않는다.

　　한끼알바생은 보통 '내가 도움이 될까? 지금 도움이 되고 있을까?' 하는 불안 속에서 돕고 싶다는 마음 하나로 일을 거든다. "지금 감자 껍질을 벗기고 있는데요, 이걸 으깨서 내일 내놓을 감자 샐러드를 만들 거예요"라는 식으로 간단하게나마 안내를 받으면 '나만 일이 처음이라 도움이 안 되나?' 싶어서 위축되는 일은 없을 것이다.

사람의 마음을 움직이는 순간

호의를 받고 지나치게 기뻐하지 않는다 ━━━━━━

"감사합니다"라고 소리 내어 고마움을 표시하거나 "내일 점심 때 국에 고명으로 얹어서 내려고요"와 같이 다른 사람이 쉽게 알 수 없는 머릿속 풍경을 공유하는 태도는 매우 중요하다.

다만 호의에 익숙하지 않은 사람이 저지르기 쉬운 실수가 있다. 지나친 감사의 표시로 도리어 상대방의 마음을 불편하게 만드는 일이다. 내성적이고 소심한 아주머니에게 선물을 주었다고 하자. "아이고 세상에, 이렇게나 귀한 걸…"이라는 인사를 연신 반복하며 안절부절못하는 모습을 보인다면 어떤 기분이 들겠는가.

고마움을 표시하는 것도 정도가 지나치면 상대방에게 무안함을 준다. 능숙하게 인사를 건네야 호의에 익숙한 사람처럼 느껴져서 보는 사람도 마음이 편해진다. 바람둥이가 여유로운 태도로 이성의 마음을 사로잡는 것과 비슷한 맥락이다.

"이렇게 하면 마음이 움직인다!"라는 발언은 자못 간사하게 들리지만 사실은 절대 그렇지 않다. 다른 사람의 마음을 움직이고 싶다면 자기가 먼저 발 빠르게 움직이고 정보를 공개하고 상대방에게 기쁨을 주어야 한다.

타인을 위해 노력을 아끼지 않는다

옷깃만 스쳐도 인연이다. 내가 1만큼 값을 치러서 상대방이 10 만큼 덕을 본다면 그 1을 아까워하지 않는다.

노력하는 모습을 감추지 않는다

사람들은 약한 주인공이 실력을 갈고닦아 강해지는 모습에 마음이 끌린다.

가늘고 길게 사귄다

한 번에 만족하는 곳보다 최대한 쉽게 재방문할 수 있는 곳이 이상적이다. 대인 관계는 가까워졌다 멀어지기를 반복하면서 서서히 심화한다.

호의를 독점하지 않는다

받은 호의를 순환시키면 더 크게 돌아온다. 핵심은 반드시 당사자에게 보답할 필요가 없다는 점, '받은 것'이라는 사실을 덧붙여 호의를 전하는 점이다.

호의를 가볍게 여기지 않는다

호의를 베푼 사람이 보람을 느낄 수 있도록 대우한다. 돈으로는 얻지 못할 만족감을 느끼면 감동하여 다시 호의를 베풀 확률도 증가한다.

호의를 받고 지나치게 기뻐하지 않는다

고마움을 표시하는 것도 정도가 지나치면 상대방을 무안하게 만든다. 보람을 느끼면서도 약간 아쉬움을 느끼는 정도가 딱 좋다.

6장

유명해지는
것의

장단점

'나랑은 관계없어'라고 생각하는 사람들 ─────────

　이번 장에서는 새로운 일을 시작한 당신이 아닌 밤중에 유명해졌을 때, 무엇을 주의하고 어떻게 행동하면 좋을지 공유하고자 한다.

　'내가 새로운 일을 시작해서 유명해진다니, 말도 안 돼!'라고 생각하는가? 그렇다면 더더욱 읽어 주었으면 좋겠다. 바로 내가 유명해질 줄은 꿈에도 생각하지 못하다가 미래식당을 개업하고 갑자기 유명해져서 당혹스러웠던 장본인이기 때문이다. 그때 나는 어떻게 행동하면 좋은지 알려 주는 책도, 사람도 찾지 못한 채 불안에 떨었다.

　만약 당신이 나와 똑같은 상황에 처한다면 어떨까? 비록 대단한 유명인은 아니지만 내 경험이 조금이나마 도움이 되었으면 하는 마음으로 부끄러움을 무릅쓰고 정리해 보았다.

154

매출이 오른다 ━━━━━━━━━━━━━

　　미래식당은 음식점이므로 가장 큰 장점은 단연 매출이다. 대중 매체의 주목을 받으면 홍보 효과가 발생하여 신규 손님이 증가한다. 그래서인지 신규 손님이 급증하면 단골손님이 이탈하므로 "매스컴 사절"을 외치는 가게도 드물지 않다. 대중 매체에 노출되는 일은 과연 이로울까, 해로울까?

　　매체 노출에 따른 단골손님 이탈은 확실히 일어날 만한 현상이다. 하지만 몰려드는 신규 손님의 숫자가 언제 피크에 도달할지 예측할 수 있다면 공급 물량을 늘리는 등의 대응이 가능하다(주기는 매체별로 다르다). 더구나 가게를 아끼는 단골손님은 '아, 또 텔레비전에 나왔나 보군' 하고 바쁜 시간대를 피해 주기도 한다. 미래식당도 워낙 취재가 빈번해서인지 유연하게 대응하시는 분들이 많다. 또 신규 손님의 일부는 단골손님이 되기 때문에 '신규 손님 대 단골손님'이라는 구도로 몰아가기에는 아쉬운 감이 있다. 오히려 나는 단골손님 이탈로 인한 매출 감소보다는 신규 손님에게 노출되는 스트레스가 더 큰 문제라고 생각한다.

　　미래식당에서는 취재를 요청하는 매체가 취재 기준에 부합한다면 원칙적으로 요청을 수락하고 있다.

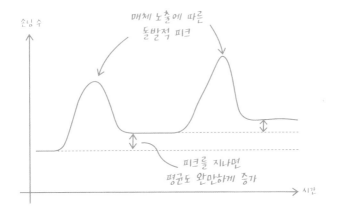

매체에 노출되면 손님 수가 단기적으로 증가한다. 미래식당은 최대 4배를 기록했는데 피크가 언제까지고 계속되지는 않는다. 일시적 매출 증가의 파도가 잦아들고 나면 어떻게 될까? 원래대로 돌아갈까? 손님 수를 그래프화하면 위의 도표와 같은 형태가 나온다.

내 경험상 피크 이후에는 평균적으로 손님 수가 한 단계 증가한다. 매장 회전율이 하루 평균 3회전이었다면 4회전이 되는 식이다. 갑작스러운 손님의 증가에 대처하기가 힘들기는 하지만 그 파도를 넘어서면 전체 평균도 상승한다. 그러므로 매체에 노출되는 것 자체는 결코 '화전산업火田産業 일시적 의미밖에 없어서 반복해야만 이익이 생기는 일'이 아니다.

피크가 지난 뒤에 평균이 올라가는 이유로는 다음의 두 가지를 꼽을 수 있다.

- 피크 때 방문한 손님이 또다시 방문하기 때문에
- 매체에 보도된 직후에는 방문하지 않고 시간이 지나서 방문하기 때문에

또 오고 싶어지는 서비스를 피크일 때도 제공할 수만 있다면 유명해지는 것은 이득이다. 그러나 평소보다 몇 배나 많은 손님을 맞이하기란 쉽지 않다. 심지어 생면부지의 신규 손님이 대거 몰려오면 접객도 요리도 부담이 커져서 평소와 같은 서비스조차 제공하기가 어려워진다.

시간 간격을 두고 방문하는 손님에 대해서는 칼럼 '매체 노출의 효과를 측정하는 어려움'(187쪽 참조)에서 다루고자 한다.

유명해지는 것의 장단점

이념에 공감하는 사람이 늘어난다 ━━━━━━

사업을 운영하는 이상 '팔리면 그만'이 아니다. 장기적 관점에서 실현하고 싶은 기업의 이념과 지향하는 미래상이 있다. 누군가는 이상론에 불과하다며 웃을지도 모르겠지만 내 입장은 그렇다.

미래식당 이념은 '누구든지 받아들이고, 누구에게나 어울리는 장소'를 구현하고 전파하는 것이다. 매체의 방침에 따라서는 이런 부분까지 함께 보도해 주기 때문에 본인이 지향하는 미래상이나 이념에 공감하는 사람을 늘릴 수 있다. 공감하느냐 마느냐는 개인의 문제라 할지라도 일단 전파를 타야 존재가 알려지므로 매스컴 노출은 의미가 있다. 예를 들면 저 멀리 요론섬 _{일본 가고시마현 최남단에 위치한 섬}에서 오신 손님이 "우리 옆집도 미래식당을 알아요"라고 말씀하셨을 정도다.

그러나 머나먼 요론섬에서 인지도가 올라도 미래식당 같은 음식점(지리적 제약이 있는 사업)에서는 매출 증가로 이어지지 않는다. 또한 공감을 얻는 일에 집중해 빈번하게 취재를 받다 보면 본업에 소홀해지기도 한다.

'텔레비전 방송은 저쪽 입맛대로 편집되어서 의도가 왜곡될 게 뻔하니 취재에는 응하지 말아야지'라고 생각하는 사람도

있을 것이다. 어떤 심정인지는 이해하지만 이쪽에서 진의를 제
대로 전달하면 그럴 일은 없다. 이와 관련한 자세한 내용은 7장
의 '줏대를 세운다'(200쪽 참조)에서 설명하겠다.

기회가 많아진다 ───────────

    대중 매체에 출현하여 주목을 모으면 저명인사와의 대담, 책이나 잡지 원고 집필, 강연 의뢰 등 뜻밖의 기회가 많이 주어진다. 어차피 부업이니까 거절해도 상관은 없지만 나는 되도록 수락하는 편이다. 새로운 경험이 재미있어서인데 아무래도 미래식당을 운영하느라 가게에만 있다 보니 더욱 즐겁게 느끼는 것 같다.

    책이 출간되어 전보다 더 유명해지면 다른 출판사에서 기획을 제안하는 경우도 생긴다. 무슨 일이건 '본업과의 균형'을 맞추어야 하지만 새로운 경험을 쌓는다는 것은 굉장한 장점이다. 게다가 나는 '누구든지 받아들이고, 누구에게나 어울리는 장소'의 형태가 계속 음식점일 필요는 없다고 생각하는 사업가이다. 새로운 경험은 다른 형태를 모색하고 요식업계가 아닌 사회를 들여다보는 귀중한 기회가 된다.

교류의 장이 될 수 있다 —————————

"사람이 사람을 부른다"라는 말처럼 유명해져서 사람이 모여들면 그것이 마중물이 되어 점점 더 많은 사람이 모여든다.

한끼알바를 예로 들어 생각해 보자. 음식점 창업 준비생에게는 더없이 좋은 배움터인 미래식당이 텔레비전에 소개되면 멀리서도 한끼알바를 하러 찾아온다. 사실 음식점 창업 준비생이 일상에서 다른 준비생을 만나기란 하늘의 별 따기다. 그런데 미래식당에서는 한끼알바를 통해 많은 동지를 만날 수 있고, 개업한 뒤에도 서로 교류를 지속하거나 아이디어를 나누는 일이 가능하다.

음식점을 창업하려는 사람뿐만이 아니다. 지방의 일자리 창출 방안을 생각하는 한끼알바생에게 "다음 주 수요일에 오실 한끼알바생도 같은 말씀을 하셨어요"라고 소개하는 경우도 수두룩하다. 사람과 사람을 잇는 교류의 장이 되어서 지혜를 공유하고, 기회를 확대할 수 있다는 것은 큰 장점이라고 생각한다.

유명해지는 것의 장단점

비방과 비평에 노출된다 ━━━━━━━━━

　　유명해져서 안 좋은 점이라고 하면 가장 먼저 떠오르는 단점이 아닐까 싶다. 유명해지면 다양한 쓴소리를 듣는다. 밑도 끝도 없는 비방도 듣고, 웬만큼 지식이 뒷받침된 비평도 듣는다.

　　예컨대 미래식당은 창업 전부터 블로그에 사업 계획서를 공개해서인지 그것을 본 창업 컨설턴트에게 "망하려고 작정했나? 대표 메뉴가 없는 건 치명적이다. 몇 개월이면 망할 듯"이라는 댓글을 받은 적이 있다. 텔레비전 방송에 나간 뒤에는 "주인이 무뚝뚝해서 가기 싫다", "맛없어 보임", "이게 900엔이라고? 바가지네", "사람을 공짜로 부려먹다니 돈에 환장한 XX…" 등의 비난을 실컷 들었다.

　　쓴소리를 두 부류(아무 근거가 없는 비방, 자기 의견을 내세우려고 미래식당을 헐뜯는 비평)로 나누어 대처법을 살피자.

비방은 어느 정도 어쩔 수
없다고 단념한다

　　　　　　　　한번은 미래식당의 단골손님이자 라이프넷생명의 창업자인 데구치 하루아키 씨에게 이 문제를 상담했다. 데구치 씨는 이렇게 말씀하셨다.

"2 대 6 대 2의 법칙이 있어요. 당신을 좋아하는 사람이 2라면 그냥 그렇게 생각하는 사람은 6, 싫어하는 사람은 2의 비율로 반드시 존재합니다. 뭐, 어쩔 수 없는 일이지요."

모두에게 100퍼센트 사랑받는 사람은 없다. 눈에 띄면 그만큼 입방아에 오르내린다.

돌아보면 나는 터무니없는 험담에 내성이 생긴 듯하다. 앞서 언급했다시피 이름도 특이하거니와 고등학교와 대학교를 기모노 차림으로 다니는 등 어릴 적부터 다른 사람의 눈총을 받는 일이 잦았기 때문이다. 내가 대중 매체 노출에 뒤따르는 유명세를 버티는 이유도 이미 내성이 생겨서일 수 있다.

요점은 그 정도로 손가락질에 익숙한 나조차 처음 매스컴에 노출되었을 때는 충격을 받았다는 점이다. 아무리 내성이 생겨도 타격을 받는 것 자체는 어쩔 수 없는 모양이다. 견디기 힘들다면 다른 사람에게 상담하는 방법도 좋다고 생각한다. 심경을 털어놓기만 해도 마음이 한결 편해진다.

비평은 너무 예민하게
받아들이지 않는다

"아무튼 미래식당은 XX가 잘못되었

다"와 같은 비평은 사실 비방과 다를 바 없다. 평가자의 대부분이 '가게에 한 번도 와 보지 않은 사람'인 까닭이다. "한 번 가 봤는데"라고 시작하는 비평도 나에게는 설득력을 지니지 못한다. 무언가를 이해하려면 못해도 5번, 10번은 봐야 비로소 눈에 들어오는 것이 있는 법이다.

대응할 필요가 있는 명확한 비판이라면 모를까, 무근거한 불평은 '세상에는 참 다양한 생각이 존재하는구나' 하고 해외 여행객이 된 기분으로 받아넘기는 것이 최선이다. 덧붙이자면 미래식당은 "산업 성숙도가 높은 요식업계에 혁신적인 경영법을 도입했다"라는 식으로 주목받는 일이 많아서 그때마다 기업 컨설턴트며 경영자의 비평이 으레 들끓는다.

물론 모든 비평이 쓴소리는 아니다. 칭찬하는 의견도 많다. 그렇다면 호의적인 평가에는 어떻게 처신하면 좋을까?

개인적으로는 듣기 좋은 칭찬에도 휩쓸리지 않는 태도가 중요하다고 생각한다. 다른 사람에게 "와, 좋다!"라고 칭찬을 받아도 무엇을 보고 좋게 느꼈는지 추측할 수 없고, 추측이 가능하더라도 웬만한 칭찬은 대개 피상적인 수준에 머무른다. 요리든 서비스든 뭔가를 만들어내는 입장이라면 누구나 이런 막연함을 여러 번 느껴봤을 것이다.

본질이 아닌 겉껍질에서 비롯된 호감은 일시적이다. 남이 좋아하는 부분을 정체성으로 삼아 버리면 시대 흐름이 변하여 평가가 뒤집혔을 때 버틸 재간이 없다. 타인의 평가는 호평이든 악평이든 신경을 쓰지 않는 편이 제일이다.

미래식당은 "폐기 손실이 없는 구조", "기존의 화폐 경제를 넘어선 새로운 형태"라는 평가도 많이 받았다. 내가 〈닛케이 우먼〉 2017 올해의 여성상을 수상한 것도 이러한 평판과 무관하지는 않을 터다. 그렇지만 "어떤 형태가 좋다"라는 평가는 우연찮게 세상의 흐름이 그쪽으로 기울었기에 듣게 된 칭찬일 따름이다. 흐름이 바뀌면 순식간에 손가락질 당하는 쪽으로 나동그라질 가능성이 충분하다. 무릇 칭찬이란 그 정도에 지나지 않는다.

에고서핑Egosurfing 즉, 인터넷에 자신의 이름이나 기업명(내 경우는 미래식당)을 검색하는 행동에 대해 "스트레스만 쌓이니까 그만둬라"라고 말하는 사람도 있다. 나 또한 기본적으로 찬성하는 의견이지만 상황에 따라 에고서핑이 필요할 수도 있다.

미래식당 같은 음식점은 소비자와 직접 대면하는 사업이고 인터넷상의 여론이 실제 가게 상황에 반영된다. 뒤에서 이야기하겠지만 미래식당의 기사가 처음으로 화제를 모았을 때는 대책을 세우기도 전에 가게가 혼잡해져서 큰 곤욕을 치렀다. 이처럼 인터넷상의 동향이 자기 사업에 연결될 경우(미래식당은 식자재 주문량과도 직결) 에고서핑을 일절 끊으면 외려 준비성이 떨어질 수도 있다.

비방과 비평에 노출된다는 단점은 비교적 다른 사람에게

털어놓기 쉽다. 유명해져서 입방아에 오르는 상황이란 누구나 쉽게 상상할 수 있기 때문이다. 고민을 털어놓을 상대도 어렵지 않게 찾을 수 있고, 괜한 오해를 사는 일도 드물다. 타인에게 이 야기했을 때 마음이 편해지는 성격이라면 친한 친구에게 하소 연하는 것도 괜찮은 방법이다.

손님의 기대치가 올라간다 ────

　대중 매체의 주목을 받으면 손님이 늘어난다. 그것이 장점이라고 먼저 소개했지만 신규 손님 중에는 '텔레비전에서 본 바로 그 장면'이나 '멋들어진 사업 시스템'을 기대하거나 평가하려는 손님도 많다.

　감정이 불필요한 기계적인 업무라면 관객이 얼마나 늘든 상관없다. 그러나 미래식당에는 맞춤반찬처럼 인간적인 대화를 동반하는 서비스가 많아서 관객이 증가할수록 업무가 가중되는 단점이 발생한다. 원래 음식점 같은 접객업에는 완전히 기계적인 업무란 존재하지 않는다. 매스컴을 타서 관객이 늘면 스트레스가 커질 수밖에 없다. "매스컴 사절"을 내건 음식점들은 아마 이와 같은 스트레스에 두 손을 든 것이리라.

신규 손님에게 노출되는
스트레스가 더 문제

　　　　　　　　신규 손님에게 노출되는 단점은 앞서 '매출이 오른다'(155쪽 참조)에서 한 차례 언급했다. '그거야 별수 없지'라고 생각하는 사람을 위해 사례를 들어보겠다.

저명한 사업가의 블로그에 미래식당이 소개되었을 때 그 블로그의 구독자임이 분명해 보이는 직장인들이 미래식당에 몰려들었다. 그분들은 대체로 혼자 찾아와서 가게에 머무는 내내 사진을 찍었다. 가게가 그분들로 꽉 차면 마치 '유명 라멘집' 같은 살벌한 기운이 감돌았고, 가게 한복판에 선 나는 끊이지 않는 셔터 소리에 잔뜩 움츠러들었다. 아무것도 모르는 채 가게를 찾아온 손님에게 "가게 분위기가 정말 살벌하네요"라는 말씀을 듣기도 했다. 나야 가게 주인이니 별수 없다고 하더라도 가볍게 일을 거들러 왔다가 졸지에 구경거리가 된 한끼알바생은 오죽했을까. "동물원 우리에 갇힌 기분이에요"라며 한끼알바 시간을 손님이 없는 시간대로 바꿔 달라고 요청한 분도 계셨다.

이뿐만이 아니다. 신규 손님 중에는 아예 마음의 문을 걸어 닫고서 '돈을 냈으니까 방송하고 똑같은 서비스를 받을 권리가 있어!'라는 태도로 뻗대는 사람도 일정 비율 존재한다. 그런 사람들이 우르르 들이닥치면 가게 분위기가 얼어붙는다. 결국 원래 타깃층인 손님의 발걸음은 되레 무거워지고, 중심에 있는 나도 의기소침해진다. 진의를 감춘 불특정 다수(관찰자 위치를 고수하는 사람)가 몰려드는 상황은 상당한 심적 피로를 유발한다.

미래식당의 한끼알바는 불특정 다수가 주방(보통은 손님에게 공개하지 않는 가게 내부)에 들어오는 시스템이다. 남들은 "날마다 모르는 사람이랑 같이 일하려면 심리적으로 힘들겠어요"

라고 이야기하지만 신규 손님이 일제히 몰려와서 겪는 마음고생에 비하면 조금도 고생스럽지 않다.

신규 손님에게 받는 스트레스는 당신의 상상을 뛰어넘는다. 한끼알바를 통해 불특정 다수와 접촉하는 데 익숙해진 나조차 힘들 정도다. 설상가상으로 비방과 비평처럼 눈에 보이는 것이 아니라 다분히 심리적인 문제여서 남에게 털어놓기도 어렵다. "신규 손님이 늘어서 스트레스에요"라고 토로했다가 "속 편하게 단골 장사만 하고 싶다니, 배가 불렀군!"이라는 일갈을 들을지도 모른다. 동일한 경험을 가진 상대가 아니라면 어지간해서는 이해받지 못한다.

비슷한 환경에 있는
상담자를 만든다

'신규 손님 대 단골손님'이라는 공식은 많은 사람이 직감적으로 이해하는 반면 '신규 손님 증가로 인한 스트레스'는 몸소 체험하지 않는 한 실감을 하지 않는다. 동업자에게 섣불리 이야기를 꺼냈다가는 자만으로 비칠 위험도 있다. 만약 괴롭다면 이야기 상대를 한정할 필요가 있다. 이런 종류의 단점(장점에서 파생된 단점)은 아직 다수가 이해할 만큼 세상에 널리 퍼지지 않았다.

동료나 조수를 만든다

신규 손님에게 노출되더라도 시선을 혼자 받느냐 두세 명이서 함께 받느냐에 따라 심리적 부담은 사뭇 달라진다. 미래식당이 예의 '유명 라멘집' 상태가 되었을 때 솔직히 나는 카운터 안에 서 있기조차 싫었다. 나를 걱정한 한끼알바생들이 번갈아 한끼알바를 하러 와 주어서 얼마나 큰 도움을 받았는지 모른다. 그렇다고는 하나 한끼알바는 강제가 아닌 선의에 근거하는 일이고 개인 식당이라 동료도 따로 없다. 1인 가게를 꾸리면서 운 좋게 자신을 이해해 주는 사람들에게 둘러싸였을 때는 그 은혜를 감사히 받을 줄도 알아야 한다.

쇄도하는 취재 요청에서
오는 스트레스 ──────────

　한번 화제에 오르면 취재 요청이 끊임없이 들어온다. 미래 식당은 처음으로 화제에 올랐을 당시(첫 취재 기사가 인터넷상에서 30,000회 이상 공유) 텔레비전 방송국, 인터넷 매체, 출판사 관계자에게 매일같이 명함을 받았다.

　여담이지만 명함을 주는 사람은 매체 관계자에 한정되지 않는다. 유명인이라든가 유명해지고 싶은 사람이라든가 좌우간 자기 자신을 어필하고 싶은 사람까지 모두 명함을 건넨다. 그러다 보니 하루 영업이 끝나면 명함을 트럼프카드처럼 들고 세어야 할 정도였다. 종일 수차례 명함을 받고 또 이야기를 들으면 당연히 다른 업무에 지장이 생긴다.

　음식점에 손님이 적으면 언뜻 한가해 보이지만 실은 할 일(저녁 반찬 준비, 다음날 쓸 재료 손질 등등)이 태산이다. 한가해 보이는 시간대여도 취재를 요청하려는 방문자가 몰리면 할 일을 마치지 못한 채 정신없이 다음날을 맞이하게 된다. 창업하고 한 달 반쯤 지나서 치른 미래식당 최초의 유명세는 이래저래 몹시 괴로운 추억으로 내 머릿속에 입력되어 있다.

　큰 파도가 지나가고, 취재 요청이 메일로 오기 시작해도 A

사에나 B사에나 같은 메일을 보내야 하는 잡무가 발생한다. 미래식당처럼 사업장에서 손님을 맞이하는 가게라면 손님이 있는 시간대에 취재를 받는 일도 생긴다.

손님에 대한 가이드라인을

미리 취재진 측에 전달한다

미래식당에서는 '취재를 요청하는 분들께 드리는 부탁'을 인터넷상에 전문 공개하고, 취재를 요청하는 매체에는 "공식 사이트에 취재 가이드를 게시해 두었으니 먼저 확인해 주십시오"라고 답장한다.

다시 말하지만 미래식당은 개인 음식점이다. 영업 준비로 바쁜 아침이나 영업 시간대에 취재를 요청하는 전화가 걸려오면 일손을 멈추고 응대하는 일이 극심한 스트레스의 원인이었다. "이었다"라고 쓴 이유는 전화번호를 비공개로 돌렸기 때문이다. 미래식당의 공식 사이트에는 메일과 주소만 나와 있다. 전화번호를 공개하지 않으니 온갖 문의가 메일로 들어와서 이제는 일상적인 업무를 방해받지 않게 되었다. 천만다행이다.

다음으로 미래식당의 '취재를 요청하는 분들께 드리는 부탁'에는 무엇이 적혀 있고, 왜 그런 내용을 적게 되었는지 설명하겠다.

취재를 요청하는 분들께 드리는 부탁

미래식당에 관심을 가져 주셔서 감사합니다.

취재를 수락하기 전에 부탁드리고 싶은 사항이 몇 가지 있습니다.

- **먼저 손님으로 가게에 방문해 주십시오**

  미래식당은 정식집입니다. 맞춤반찬, 한끼알바, 음료 반입 등 새로운 시스템으로 주목을 받았지만 본질적으로는 음식점입니다. 이 점을 충분히 이해해 주십사 한 번은 손님으로 가게에 방문하시기를 부탁드립니다. 거리가 멀거나 혹은 다른 사정으로 방문이 어려우신 분은 그때그때 말씀해 주십시오.

  방문하실 때 명함을 주시거나, 요청하실 때 메일에 방문한 내용을 적어 주십시오. 방문 내용을 기재하지 않은 요청 메일에는 답신하지 않을 확률이 높습니다(저로서는 언제 방문하셨는지 알 수 없으므로 양해 부탁드립니다).

- **결과물은 무료로 공개하는 형태였으면 합니다**

  미래식당은 월말 결산과 사업 계획서를 모두 공개하며 투명성과 지식 공유를 발판으로 성장하고 있습니다. 미래식당에 관한 기사를 유료로 배포하여 제한된 사람에게만 공개하는 방식은 미래식당이 지향하는 형태가 아닙니다. 필히 사전에 상담해 주십시오(대중 매체는 가능).

※ 무상 취재일 경우에 한합니다. 유상 취재는 임의에 맡깁니다.

• 기자님의 과거 기사 및 게재 지면을 알려 주십시오

미래식당의 이념('누구든지 받아들이고, 누구에게나 어울리는 장소'를 만들고, 그것을 알리는 일)과 상반될 경우에는 취재 수락이 불가능할 수 있습니다.

• 귀사가 대중 매체(매스 미디어)인 경우

기본적으로 수락하고 있습니다.

• 귀사가 기타 매체인 경우

과거에 받은 취재와 동일한 내용이라면 취재비를 청구합니다. 취재비는 미래식당에 도움이 되는 것(식자재, 한끼알바 등)으로 대체할 수도 있습니다. 단, 귀사 PR은 공유 수 10,000회 정도를 약속할 수 있는 경우에만 게시해 주십시오. 사전에 메일로 해당 내용을 알려 주시기 바랍니다.

- **가능하다면 기사는 초고 단계에서 보여 주십시오**

  과거에 영업일과 이름이 잘못 게재된 적이 있습니다.

  ※ 공개하고 나서 통보하지 말아 주십시오.

- **오자와 탈자는 최대한 삼가해 주십시오**

  오자와 탈자가 지나치게 많을 시에는 게재 수락이 불가능
  할 수 있습니다.

- **연락은 되도록 메일로 부탁드립니다**

- **영업시간 내 인터뷰는 대관이 필요합니다(대관료를 받습니다)**

  미래식당은 영업시간(11~22시) 내에 쉬는 시간이 없습니
  다. 그래서 영업일에 인터뷰를 희망하실 경우 대관료를
  청구하되 다른 손님의 출입을 막은 상태에서 진행하고 있
  습니다. 영업시간 내에는 "네" 혹은 "아니요"로 대답 가능
  한 수준의 이야기밖에 나누지 못합니다. 모쪼록 양해 부
  탁드립니다. 대관료는 미래식당 공식 사이트 "대관료" 항
  목에 명기해 두었습니다.

- **가게 내부를 촬영할 때는 안내문을 붙여 주십시오(영상 취재일
  경우)**

텔레비전 방송 촬영을 달가워하지 않는 손님도 계십니다. '방송국명, 방송명, 내부 촬영 중이라는 점, 평소대로 영업 중이라는 점'을 안내문으로 작성해 가게 외부에 붙여 주십시오. 안내문은 아래와 같은 형식으로 부탁드립니다. "XX국 YY 취재 촬영 중. 식당은 평소대로 이용 가능합니다. 소란을 일으켜 죄송합니다."

- 아래 두 곳에 게시된 글은 미래식당의 공식 콘텐츠이므로 자유롭게 인용하셔도 됩니다(사진도 포함)

  ※ 미래식당 공식 사이트(http://miraishokudo.com)

  ※ 미래식당 블로그(http://miraishokudo.hatenablog.com)

- 게재 기사 일람입니다(http://miraishokudo.com/publishing)

- FAQ

  ※ 음식점 창업 동기

  "가게를 내야겠다고 결심한 건 열다섯 살 때 난생처음 혼자 들어간 찻집에서였습니다. 그곳은 학교에서의 나도, 집에서의 나도 아닌 '본래의 나 자신'을 있는 그대로 받아들여 준 공간이었어요. '이런 가게를 열어야지'라는 마음은 지금 생각하면 그때 느낀 감동에서 싹튼 것 같습니다."

※ 향후 사업 모델

"미래식당은 어딘가 음식점의 틀을 넘어선 공간이라고 생각합니다.

그냥 음식점이라기에는 카운터석만 있는 정식집이라 크게 성장할 가능성이 없습니다. 음식점으로 성공 궤도에 오르는 것이 목표도 아니고요. 아마 음식점이 아닌 또 다른 개념의 무언가로 성장하지 않을까 싶습니다.

미래식당이 앞으로 어떻게 변모할지 당장 대답하지 못하는 제가 창피하지는 않습니다. 저에게는 그만한 능력이 없다는 점을 인정하거든요. 더 나은 사람이 등장했을 때, 그와 손잡고 대답을 발견해 나갈 수 있도록 '미래식당의 브랜드'를 갈고닦는 일이 제 임무라고 생각합니다. 저는 다만 한 명의 선수일 따름이지요."

※ 개인 약력

고바야시 세카이Sekai Kobayashi

도쿄공업대학 이학부 수학과를 졸업한 뒤 일본 IBM과 쿡패드에서 6년 반 동안 엔지니어로 근무했고, 이후 1년 4개월의 수련 기간을 거쳐 미래식당을 창업했다.

개인적인 느낌이지만 이렇게 당부를 드려서인지 미래식당에 취재 차 오시는 분들은 내가 황송할 만큼 정중한 사람뿐이다. 흔히 대중 매체 취재(특히 텔레비전)는 거만하다라고들 하는데, 그런 경우는 한 번도 없었다.

짐작하건대 '부탁하면 알아주겠지만 어떻게 부탁해야 할지 몰라서 결국 마음에 응어리가 남은' 사례가 적지 않을 듯싶다. 확실히 어느 정도 경험을 쌓지 않으면 취재 기자에게 무엇을 당부해야 할지 막막하다. 일단은 미래식당의 '취재를 요청하는 분들께 드리는 부탁'을 참고하여 자기 나름의 규칙을 세워 보면 어떨까? 서로서로 부탁하고 요청에 응하는 '50 대 50의 관계'가 더 나은 결과물을 이끌어 내는 법이다.

그럼 미래식당의 부탁이 왜 그와 같은 형태가 되었는지 순서대로 살펴보자.

"먼저 손님으로 가게에 방문해 주십시오"

매일매일 기사와 방송을 제작하느라 바쁜 탓인지 초반에는 "XX(방송명)입니다. 취재를 요청하고 싶은데요"라고 대뜸 전화로 문의하는 분이 많았다. 여기에 일일이 대답하다가는 시간만 빼앗겨서 혼자 식당을 운영하는 데 차질이 생긴다.

취재를 희망한다면 무엇보다 가게 방문이 먼저라고 나는 생각한다. 비단 나뿐만이 아니라 세상 모든 사장들이 '한 번은 가게에 와 보고 취재를 요청했으면' 하고 바라지 않을까? 그러면서도 '취재해 준다잖아'라는 유혹에 끌려 자기도 모르게 순응하는 면이 있을 것이다. 하지만 정당한 이유(미래식당의 경우는 독특한 시스템보다 음식점이라는 본질을 이해받고 싶어서)를 제시하면 취재 기자도 수긍하기 마련이다.

만약 미래식당을 취재하려는 사람이 10명이고, 실제로 방문하려는 사람은 3명이라면 3명만 응대하면 된다.

"결과물은 무료로 공개하는 형태였으면 합니다"

미래식당은 원칙적으로 대가 없이 취재에 응하고 있다. 돈보다는 미래식당의 이념을 전파하는 것이 목표이기 때문이다. 그래서 결과물(방송, 기사 등등)을 돈을 낸 사람에게만 공개하는 형태를 원하지 않는다.

잡지 기사를 예로 들자면 잡지 자체는 유료일지라도 인터넷상에 기사 전문을 공개하는 식으로 형태를 조율한다. 대중 매체의 취재 내용은 텔레비전이나 신문이 있어야 열람이 가능하지만 매체 자체를 사회적 인프라로 간주하여 무료 공개 범주에 포함했다.

"기자님의 과거 기사 및 게재 지면을 알려 주십시오"

가령 취재 측이 특정 정치 성향을 강하게 내세운다면 미래식당이 오해를 살 여지가 있으므로 요청을 거절한다. 창업하고 지금까지 취재 매체의 사상이 미래식당과 맞지 않아 거절한 사례는 아직 없다.

"귀사가 대중 매체(매스 미디어)인 경우", "귀사가 기타 매체인 경우"

대중 매체와 기타 매체를 나누게 된 이유는 취재 요청이 급증하면서 '수락 기준'을 명시해야 할 상황에 봉착했기 때문이다.

그도 그럴 것이 취재에서는 항상 똑같은 질문만 나온다. 이를테면 나는 이공계 대학 출신이라는 점과 회사원으로 근무했던 경력에 대한 질문만 줄기차게 받았다. 결국 심리적으로 완전히 피폐해져서 "이런 취재는 수락하고 싶지 않다"라고 선언해야만 문제가 해결되겠다는 생각이 들었다.

내 성격을 감안하더라도 계속 똑같은 질문을 받는 고통은 상상을 초월한다. 게다가 취재 기사마저 어디서 본 듯한 내용으로 완성된다. 똑같은 질문을 몇 번씩 받고, 완성된 기사를 교정하는 부담까지 생각하면 모든 요청을 기꺼이 수락하기는 힘들다. 이런 연유로 매체가 지닌 영향력이 어느 정도인가에 따라 대응을 달리하고 있다.

"가능하다면 기사는 초고 단계에서 보여 주십시오"

이름이나 상호를 잘못 기재하는 실수가 곧잘 발생한다. 더
군다나 일단 기사가 공개되면 이후에 정정 보도를 하더라도 처
음 기사가 퍼져 나가는 속도를 따라잡지 못한다. 공개하기 전에
수정하는 방법이 최선이다.

"오자와 탈자는 최대한 삼가해 주십시오"

개인적인 의견이지만 완성된 원고에 오자와 탈자가 지나치
게 많으면 일을 제대로 안 하시는 건가 싶어 불안해진다. '뭘 이
런 것까지 굳이 썼을까'라고 생각하는 사람도 있을 텐데 놀랍도
록 오자와 탈자가 많은 원고를 이미 수차례 받아 본 터라 미리
미리 부탁하게 되었다.

**"연락은 되도록 메일로 부탁드립니다", "영업시간 내 인터뷰
는 대관이 필요합니다(대관료를 받습니다)"**

혼자 운영하는 음식점에서 취재라든가 문의 전화를 받으
면 손님이 와 계셔도 응대가 불가능하다. 한번은 영업 중에 "원
가율과 효율화 전략에 대해 알려 주세요"라는 요청을 받고, 손
님 면전에서 가게의 속사정까지 털어놓느라 진땀을 빼기도 했
다. 그야 미래식당에서는 원가율을 포함한 결산 내용을 공개하
고 있다. 효율화 전략도 블로그와 책에 정리해 두었지만 느긋하
게 식사를 즐기러 오신 손님 앞에서 이야기할 주제는 아니라고

유명해지는 것의 장단점

본다.

대관료를 받는 까닭은 "취재 중이라 입장이 불가능합니다" 라고 말하기보다 "전체 대관으로 입장이 불가능합니다"라고 말 하는 쪽이 손님에게 더 설득력 있기 때문이다. '취재 중'이라는 명목으로 입장을 거부해서야 '손님이 뒷전'인 것처럼 느껴지지 않겠는가. 대관료를 받으면 대관한 사람이 가게에서 무엇을 하든 자유이니 정당하게 돈을 내고 손님으로서 가게를 이용하도록 조치한 것이다. 취재 매체라는 이유로 특별하게 대우하고 싶지는 않다.

"가게 내부를 촬영할 때는 안내문을 붙여 주십시오(영상 취재일 경우)"

촬영을 달가워하지 않는 손님도 있다. 출입구에 안내문을 붙여 두면 촬영이 불편한 손님은 발걸음을 돌릴 수 있다. 매출 이야 평소보다 떨어지겠지만 손님이 쾌적하게 머무르는 일이 가장 중요하므로 반드시 필요한 조치다. 안내문을 붙이기 전에는 손님이 가게에 들어오고 나서야 카메라를 발견하는 바람에 다시 나가지도 못하고 마지못해 앉는 모습을 여러 번 목격했다.

안내문 형식까지 지정한 이유는 "XX국 YY 취재 촬영 중. 협조 바랍니다"라는 안내문을 붙였다가 매출이 절반 아래로 뚝 떨어진 경험이 있기 때문이다. "협조 바랍니다"라고 적어 두었으니 안내문을 읽은 손님이 '입장 불가인가?' 하고 오해해도 별 도리가 없다.

그날 이후부터 안내문은 지정된 형식으로 통일하고 있다. 물론 취재 기자도 악의가 있어서 매출을 떨어뜨렸을 리 없다. 그저 사람마다 '보통'의 개념이 제각각일 따름이다. 예상에서 벗어난 대응과 맞닥뜨렸을 때는 거절하는 것이 아니라 타협안을 모색하는 자세가 중요하다.

"아래 두 곳에 게시된 글은 미래식당의 공식 콘텐츠이므로 자유롭게 인용하셔도 됩니다(사진도 포함)"

취재 시 실어도 되는 사진은 없는지 많이들 물어보셔서 작성했다.

"FAQ"

자주 받는 질문을 정리했다. 이후 동일한 질문을 받는 횟수가 줄어서 편해졌다.

글이 다소 길어졌지만 단점 가운데 하나인 쇄도하는 취재 요청에서 오는 스트레스와 이에 대처하고자 마련한 취재 가이드를 설명했다. 별안간 유명해져서 취재 요청이 쇄도하는 상황이 난감하다면 '미래식당의 부탁'을 토대로 '당신의 부탁'을 만들

유명해지는 것의 장단점

어 보자. 도움이 될 것이다.

　유명해진다는 것은 이롭기도 하고 해롭기도 하다는 사실이 잘 전달되었는지 모르겠다. 대처법까지 정리하느라 단점에 관한 내용이 더 길어졌지만 보다시피 결코 그것이 전부는 아니다. "텔레비전에서 보고 왔어요"라고 알려 주실 때마다 감사하고, 먼 곳에서 격려의 메시지가 도착할 때도 있다. 평범하게 영업했다면 퍼져 나가지 않았을 물결 속으로 풍덩 뛰어들었기에 비로소 보이는 풍경이 존재한다. 그렇지만 '유명해지면 고생문이 열린다'라는 판단으로 매스컴을 피하는 것도 일리 있는 대처라고 생각한다. 어떤 판단을 내리건 나의 변변찮은 경험이 조금이나마 참고가 되었으면 좋겠다.

6장

KEY POINT

매출이 오른다

단기적으로 급증했다가 피크를 지나면 완만하게 증가한다.

이념에 공감하는 사람이 늘어난다

전국 방방곡곡에서 팬레터가 오는 등 공간을 뛰어넘어 널리 알려진다.

기회가 많아진다

꿈에도 생각하지 못한 일이나 거래 제안이 들어올 가능성이 있다(이것만큼은 뚜껑을 열어 봐야 안다).

교류의 장이 될 수 있다

인지도가 높을수록 사람이 모여들고, 모여든 사람이 또 사람을 불러들여 점점 더 많은 사람이 모여들게 된다.

유명해지는 것의 장단점

비방과 비평에 노출된다

허무맹랑한 비방이라는 사실을 알아도 익숙해지기 전까지는 시간이 걸리고 받는 충격도 크다.

손님의 기대치가 올라간다

"텔레비전에서 본 거랑 다르잖아!"라는 소리도 듣기 마련이다. 신규 손님에게 받는 스트레스는 당신의 상상을 뛰어넘는다.

쇄도하는 취재 요청에서 오는 스트레스

취재 요청에 대한 가이드를 글로 정리해 두면 상대방도 헛수고를 줄일 수 있다.

매체 노출의 효과를
측정하는 어려움 ────────────

이번 장 앞부분에서 매체에 노출되면 손님이 급증하고 손님 수의 평균이 증가한다고 이야기했다. 과연 매체에 노출되는 효과는 어느 정도일까?

사실 그 효과를 측정하기란 매우 어려운 일이다. 그 이유는 크게 두 가지다.

노출이 많아지면 효과가 어느 매체에서 기인했는지 파악하기 어렵다

매체 노출로 인한 손님 수 증가는 노출 직후에만 국한되지 않는다. "저번에 봤는데…" 하고 나중에서야 오시는 손님도 많다. 이렇게 시간 간격을 두고 찾아오는 손님과 다음번 매체 노출이 겹치면 방문 경로를 파악하기가 쉽지 않다. 더구나 앞서 공개된 취재 내용을 보고 다른 매체에서 취재를 요청하는 경우

도 있다. 미래식당은 지속적으로 매체에 노출되고 있는지라 효
과를 측정하기가 상당히 어렵다.

방문의 계기가 된 매체 이름을 기억하는 손님이 드물다

예를 들어 "라디오에 나오셨죠? 방송 듣고 왔어요"라고 말
씀하신 손님에게 "감사합니다. 어느 방송인가요?"라고 여쭈어
보면 십중팔구 이런 대답이 돌아온다.

"아, 뭐였더라….."

내 경험상 "XX를 보고 왔습니다!"라고 정확하게 대답하는
손님은 거의 없다. 지금까지 인터넷, 신문, 잡지, 라디오, 텔레
비전 등 다양한 매체에 여러 번 노출되었으나 대부분의 손님이
매체 이름을 제대로 기억하지 못했다. 사정이 이렇다 보니 방문
하게 된 계기가 무엇인지 알아내기란 여간 어렵지 않다.

매체 추적이 가능하도록 취재 결과물에 "XX를 보고 오신
손님에게는 ○○을 선물로 드립니다!"와 같은 단서를 덧붙이면
어떨까? 가능한 방법이지만 직접 관리하는 매체가 아닌 한 적
용 범위가 제한된다는 문제점이 있다. 신문사에서 취재한 기사
에 신문사의 동의 없이 "○○을 선물로 드립니다!"라고 쓸 수는
없는 노릇이기 때문이다.

한편 매체 종류에 따른 특징은 비교적 분명하다. 텔레비전
은 프로그램 방영 직후부터 손님이 폭발적으로 증가하고, 신문

은 기사 발행 1개월 뒤부터 완만하게 증가하는 식이다. 어떤 매체건 효과를 명확하게 측정하기 어렵다는 점은 모두 똑같지만 말이다. 많은 사람이 "XX에 나가면 정말 손님 수가 달라지나요?"라고 물어보는데, 나로서는 정말 대답하기 어려운 질문 중 하나이다.

7장

유명해졌을 때

주의할 점

잘 모르면 상상 이상으로
스트레스가 쌓인다 ———————

　바로 앞에서 유명해지는 것의 장단점과 대처법을 설명했는데, 진짜로 유명해졌을 때 주의할 점이 몇 가지 있다. 유명해지면 미처 상상하지 못한 선택지가 여럿 주어져서 어떻게 골라야 할지 모르겠는 상황이 종종 발생하기 때문이다.

　취재를 수락하느냐 마느냐도 여기에 포함된다. 중요한 선택임에도 눈앞이 캄캄하고, 정답은커녕 오답조차 보이지 않는 상황에서 "취재해도 될까요?" 하고 선택을 강요받는다. 취재를 수락하면 어떻게 될지 잘 모르는 상태로 움직이는 일은 엄청난 스트레스를 유발한다.

　하물며 나는 사람들 앞에 나서거나 사교적으로 행동하는 일에 서투르다. 대체 무엇을, 어느 수준으로 어디까지 말해야 할까? 늘 고민스럽지만 주변에 나와 처지가 비슷한 사람도 딱히 없어서 조언을 구하기가 여의치 않다. 그렇다고 홍보 전문가를 따로 둘 형편도 아닌지라 판단은 언제나 나 혼자만의 몫이다.

　이번 장에서는 내가 항상 무엇에 주의하고, 어떻게 처신하는지 털어놓고자 한다. '이렇게 하니 이렇게 되었다'라는 결과를 바탕으로 이야기하는 것이니 어쩌면 더 나은 선택지가 있을지

도 모른다. 하지만 설령 그렇다 할지라도 사례를 알면 판단하는
데 확실히 도움이 된다. 나의 사례가 부족하나마 당신에게 보탬
이 되기를 바란다.

"○○라고 합니다. 귀하에게 취재를 요청하고 싶습니다."

첫 취재 요청을 받으면 기쁨 반 긴장 반으로 가슴이 두근두근 뛴다. 나도 그랬다. 내가 취재 요청을 받고서 걱정했던 부분은 두 가지였다.

- 나 같은 사람이 취재를 받아도 될까

취재한 내용을 멋지게 완성하는 일은 상대방의 책무이므로 괜히 걱정하지 않아도 된다. "나 같은 사람이 무슨…" 하고 스스로를 너무 깎아내리면 상대방도 설득에 시간을 빼앗겨서 취재가 순조롭게 진행되지 않는다.

- 똑같은 이야기만 하고 있어도 될까

취재가 거듭되면 자꾸 똑같은 이야기만 하게 되어 불안함을 느낄 수 있다. 그럴 때는 두 가지를 명심하자. 첫째, 취재 한 번으로 전 인류에게 전해질 리 없다(널리 전파하려면 몇 번이고 같은 이야기를 반복할 필요가 있다). 둘째, 동일한 이야기를 물어보는 쪽에 책임이 있다(앞선 취재 내용을 조사하지 않은 상대방의 과실이다). 따라서 이 부분도 괜한 걱정은 불필요하다. 단, 본인이 느끼기에 매번 똑같은 이야기를 하는 것이 괴롭다면 사전에 취재 기자와 내용을 의논해도 괜찮다.

사실 이러한 걱정보다 더욱 중요한 부분은 상대방(취재 기자)을 대하는 자세이다.

취재 기자를 대하는 자세 ━━━━━━

'뭘 얘기해야 하나', '어떻게 이야기해야 잘 전달될까' 등등 취재를 받을 때까지 걱정은 끊이지 않는다. 그런데 혹시 취재 기자의 마음을 생각해 본 적이 있는가? 잘난 체하는 것처럼 들릴지도 모르겠으나 나 역시 처음에는 질문에 대답하는 것만으로도 벅차서 전혀 헤아리지 못한 부분이다. 지금은 진심으로 죄송하게 생각하고 있다.

취재를 몇 차례 받고 분위기에 익숙해지자 문득 '취재하러 오신 분들도 다 똑같은 사람'이라는 데 생각이 미쳤다. 취재 기자도 사람인데 남의 이야기만 듣느라 힘들지 않을까? 심지어 취재가 직업인 사람이니 분명 하루에도 몇 건씩 취재를 할 것이다. 몇 시간이나 남의 이야기를 듣고, 다시 이동해서 '이야깃거리가 잔뜩 있습니다!'라는 기운으로 충만한 나(혹은 당신)를 상대하려면 고달프지 않을까?

'그게 그 사람들 일이니까 신경 쓸 필요 없다'라고 여기는 사람도 있겠지만 취재 기자도 사람이다. 마음이 즐거워야 취재의 질도 높아지고 결과적으로 좋은 결과물이 나온다. 면접 매뉴얼에서 흔히 발견되는 "질문에 대답만 하지 말고 면접관을 웃게 하라"라는 노하우와 비슷한 맥락이다.

당신은 자기의 생각을 전파하는 사람이다. 당신에게는 취재 기자를 당신의 팬으로 만들 의무가 있다. '오늘 취재만 벌써 3건째…. 아 힘들어'라고 느끼는 사람과 당신의 팬이 당신을 취재한다고 가정해 보자. 당신이 전하고 싶은 바를 제대로 파고들어 기사화할 사람은 단연 후자일 것이다.

다음으로 내가 어떻게 취재 기자를 대하는지 구체적으로 소개하겠다.

취재 10분 전에
꼭 하는 일

취재가 시작되기 전에 인터넷에서 취재 기자가 속한 매체의 최신 정보를 입수한다. 해당 매체의 콘텐츠를 조금만 거슬러 올라가며 봐도 일정 기간의 정보가 금방 손에 들어온다. 그것을 대화 도중에 자연스레 언급하면 상대방에게 '내 기사를 읽어 주었구나!'라는 호감을 불러일으킬 수 있다.

전날 확인해도 상관은 없지만 취재 직전(약 10분 전)에 반드시 한 번 더 살펴본다. 인터넷 정보는 갱신이 빈번해서 취재 직전에 더욱 새로운 정보가 들어오기 때문이다. 취재 직전까지 주의를 기울이는 자세는 상대방에게도 전달된다. 텔레비전 방송은 이미 방영된 프로그램을 두세 편쯤 미리 시청하고, 잡지는 헌책방에서 과월호를 구입해 훑어본다.

다만 얻은 정보를 으스대듯 떠벌리면 오히려 역효과가 난다. 그래서야 일껏 준비한 보람이 없으니 무리하게 입에 올리지는 말자. 과거 기사에서 드러나는 상대방의 흥밋거리라든가 최근 관심사를 의식하고 자연스럽게 대하기만 해도 즐거운 분위기가 연출된다.

참고로 인터넷에 취재 기자의 이름을 검색하는 에고서핑은 하지 않는다. 취재 기자 개인의 동향에는 관심이 없을뿐더러 그가 소속된 매체의 콘텐츠에만 주목하면 충분하다고 생각한다.

취재 중에 꼭 하는 일

드디어 취재가 시작되었다. 내가 취재를 받는 동안 지키는 사항은 두 가지다.

- 상대방을 이름으로 부르기
- 상대방에게 질문하기

상대방을 부를 때는 가급적 이름으로 불러서 친근감을 유도한다. 그리고 대답만 하는 입장에서 벗어나 '대화'하듯 상대방에게 질문을 던짐으로써 내가 '당신에게 마음을 쓰고 있다'라는 신호를 전달한다.

수십 번 넘게 취재를 받아 본 지금은 취재 기자와 취재 대상이 아니라 함께 기사를 작성하는 프로젝트 멤버라는 자세를 취하고 있다. 가끔은 "어떤 기사를 쓸지 고민 중이에요"라는 상담 요청도 받는다. 그만큼 서로 마음을 여는 편이 아무래도 좋은 결과로 이어지지 않을까? 미래식당을 취재한 기사의 공유 수가 인터넷상에서 누계 11만 회를 달성한 것도 이러한 자세와 무관하지 않다고 본다.

줏대를 세운다 ─────────────────

취재란 제삼자가 내 서비스와 나를 소개하는 작업이다. 고로 내가 원하고 기대했던 대로 기사가 완성되지만은 않는다. 취재 기자의 목적과 이해가 나하고는 다르기 때문이다. 예를 들자면 나는 평범하게 노력했을 뿐이지만 기사에는 "돌아가신 할머니의 뜻을 이어받은 손주가 시골에서 시작한 훈훈한 서비스"로 소개될 수도 있다.

기사에 난 소개가 자신이 생각하는 서비스상이나 자화상과 일치한다면 문제는 없다. 그러나 때때로 매스컴은 이야기를 단순화하거나 기존의 미담에 끼워 맞추려고 한다. 자칫하면 "이런 식으로 소개된다는 얘기는 듣지 못했다"라는 소리가 절로 튀어나올지 모른다.

그럼 무엇을 말해야 할지 확실히 정해 둬야겠다고 생각하는 사람이 있을 텐데, 현실은 예상과 좀 다르다. '무엇을 말하느냐'보다 '무엇을 말하지 않느냐'를 결정하는 일이 더 중요하다. 만약 당신이 앞의 예(할머니 뜻을 이어받은 손주)처럼 소개되고 싶지 않다면 돌아가신 할머니에 대해서는 언급하지 말아야 한다.

각 매체는 저마다 지정된 분량으로 콘텐츠를 완성한다. 신문은 지면 분량, 텔레비전과 라디오는 방송 시간, 인터넷은 글자 수. 즉, 당신이 실어 달라고 부탁한 내용일지라도 지면 관계상 게재되지 않을 가능성이 있다. 당신이 전하고 싶은 메시지와 매체가 전하고 싶은 메시지가 상충할 경우에도 게재될 확률은 낮아진다.

요컨대 '알리고 싶은 것'이 꼭 실린다는 보장이 없다. 반면 '알리고 싶지 않은 것'은 당신이 공개하지 않으면 실리지 않는다. 알리는 것을 할지 말지는 매체가 판단하지만 '알리지 않는 것'은 스스로 통제가 가능하다. 그러므로 매스컴의 주목을 받을 때는 '알리고 싶지 않은 것'을 인식하는 일이 중요하다. 미래식당은 아래의 두 가지를 언급하지 않기로 결정했다.

- 음식 맛
- 유행, 인기와 같은 세상의 반응

이 결정의 취지는 앞서 이야기한 '취재를 요청하는 분들께 드리는 부탁'(173쪽 참조)에도 기재해 두었다.

음식 맛

미래식당의 가치는 '맞춤반찬'으로 '손님의 입맛'을 만족시키는 데 있습니다. "○○이 맛있다"라거나 "○○을 XX하니까 맛있다"라는 식으로 홍보하는 행위는 '가게의 맛'을 강요하는 기존 음식점의 행태와 다를 바 없다고 생각합니다. 음식점이 맛을 어필하지 못한다는 것은 어떤 의미에서 치명적이지만, 가게에 오신 손님께 직접 평가받는 것을 목표로 일절 홍보하지 않고 있습니다. 음식 맛에 대한 언급은 삼가 주십시오.

※ 요리 기술에 대한 언급은 얼마든지 하셔도 됩니다.

유행, 인기와 같은 세상의 반응

"미래식당이라는 정식집이 최근 인기다"와 같은 기사는 사양합니다.

미래식당은 어디까지나 '당신'에게 열려 있는 정식집입니다.

"인기다"라는 정보를 독자가 읽는다고 한들 '그런가 보다'라는 감상에 그칠 가능성이 높습니다. 남의 일처럼 느껴지게 만드는 언급은 삼가 주십시오.

출처: 미래식당 공식 사이트, '취재를 요청하는 분들께 드리는 부탁'

이렇게 방침을 정해 둔 덕분인지 미래식당은 수많은 매체에 노출되면서도 '완전히 딴소리다!' 싶게 소개된 적은 없었다. 내가 추구하는 이념('누구든지 받아들이고, 누구에게나 어울리는 장소'의 전파)이 소개된 적도 거의 없지만 싣느냐 마느냐는 매체가 판단하는 부분이므로 별수 없다고 생각한다.

미래식당에서 기대하는 매체의 역할은 소개를 접한 사람이 미래식당에 털끝만큼 흥미를 갖는 것이다. "미래식당을 100퍼센트 완벽하게 알리지 못하는 내용이잖아!"라고 매체를 비난하는 일은 번지수가 틀린 행동이다.

매체뿐만 아니라 손님이나 서비스 이용자를 대할 때도 마찬가지다. 우연히 방문한 손님에게 미래식당의 경영 철학을 하나부터 열까지 설명해서야 손님이 편안하게 서비스를 이용할 수 있겠는가. 알리고 싶지 않은 부분을 의식하고 행동하면 상대방도 부담 없이 서비스를 즐길 수 있다.

어떤 점을 보여줄 것인가

당신이 혼자 또는 소규모로 새로운 일을 시작했다면 '당신이라는 사람'에게 눈길이 쏠릴지도 모른다. 미래식당을 창업한 내가 '전 엔지니어, 전 회사원, 수학과 졸업, 이공계 출신'이라는 점으로 뜻밖의 주목을 모았듯이 말이다.

내가 이공계 출신이라는 점이나 회사에 다녔다는 점은 나에게 '보통 일'이다. 나로서는 특별한 이야깃거리라고 생각하지 않았지만 세상의 시선은 사뭇 달랐다. "요식업계와 동떨어진 사람이 요식업계에서 혁신적인 일을 벌였다"라는 형태로 몇 번이나 소개되었다.

　나처럼 예상하지 못한 각도에서 스포트라이트를 받을 가능성이 당신에게도 일어날 수 있다. 방금 이야기한 '무엇을 알리지 않을 것인가'는 이럴 때 가장 중요하다. 내가 '알려도 된다' 혹은 '알리지 않겠다'라고 판단한 부분은 다음과 같다.

알려도 되는 부분	알리지 않을 부분
회사원이었다는 점 이공계 출신 엔지니어였다는 점 성별이 여성이라는 점	엄마라는 점 '이공계 여자'라는 점

　경력은 감출 수 없으니 여기에 관해서는 전부 공개하기로 했다. 내가 정말로 알리고 싶은 내용(미래식당의 이념)은 아니지만 여기서부터 미래식당에 관심을 갖는 사람이 있다면 어쩔 수 없다고 판단했다.

　미래식당은 혼자서 점심시간 5회전까지 감당하는 기록을 세울 만큼 효율적인 시스템을 고안한 음식점이다. 이 시스템의 중심축은 내가 이공계 출신 엔지니어로서 습득한 사고방식이므로 여기에 관해서도 공개하기로 했다.

　손님과 대면하는 접객업을 운영하는 이상 내 성별을 감추기란 불가능하다. 그래서 내가 여성이라는 점을 공개하되 과도하게 알리지는 않고 있다.

매체를 통해서는 공개한 적이 없지만 나는 한 아이를 둔 엄마이고, 현재 임신 중이다. 이 사실이 알려지면 "엄마의 노력", "아이와 함께 노력", "가정적이고 따뜻한 가게" 등 내가 의도하지 않은 이미지가 따라붙기 때문에 결코 입에 담지 않는다. 또한 내가 이공계 출신 여성임을 부각하는 "이공계 여자"라는 딱지도 피하고 싶다.

성별을 강조하는 화려한 옷차림을 할 필요도 없으므로 취재건 강연이건 평소와 동일한 차림새(머릿수건, 폴로셔츠, 청바지)를 유지한다. 화장도 하지 않는다. 항상 똑같은 모습이어야 상징화가 이루어져서 기억되기 쉽다는 이유도 있다.

가게 영업에 성별을 이용하는 측면이 아주 없다고는 생각하지 않는다. 그렇지만 여성이라는 점을 지나치게 선전하는 행위는 '누구든지 받아들이고, 누구에게나 어울리는 장소'라는 미래식당의 이념에 어긋난다.

"이공계 여자"나 "엄마 창업가"라는 딱지는 일단 붙으면 떼기가 녹록치 않다. 이미 세상에 존재하는 단순한 꼬리표일수록 전파되는 속도도 더 빠르다. 자신의 정체성은 어디에 있고, 그 정체성이 스스로 바라는 이미지와 매치하는지 잘 파악해서 알리지 않을 부분을 정리해 두자.

엄마라는 사실을 밝힌 시점

방송국에서 밀착 취재 형식으로 "집에서의 일상을 촬영하게 해 주십시오"라고 의뢰했을 때도 아이의 존재를 들킬 우려가 있어 거절했다. 엄마라는 점을 공개하고 싶지 않다고 설명하면 다들 수긍했기 때문에 곤란했던 적은 한 번도 없었다.

쭉 감춰 오던 사실을 밝힌 시점은 2016년 12월 〈닛케이 우먼〉에서 수여하는 올해의 여성상을 수상했을 때다. 수상 연설에서 내가 엄마라는 점을 처음으로 불특정 다수를 향해 고백했다. 그렇기에 지금 이렇게 책에도 쓸 수 있는 것이다.

자기가 드러내고 싶은 정체성이 이런저런 사정으로 달라질 때가 있다. 나 같은 경우는 창업하고 1년이 지났을 무렵 임신을 하게 되었다. 출산 시에는 가게를 닫아야 하는데, "몸이 안 좋아서요"라고 둘러대면 손님에게 걱정을 끼친다. 출산을 밝히면서 첫째 아이의 존재를 계속 감추는 것도 부자연스러운 일이다. 몹시 고민스러웠지만 수상 연설이 좋은 기회라고 생각되어 공개를 결심했다. 그때가 임신 5개월 차였다.

수상 연설이 절호의 기회라고 판단한 이유는 두 가지다.

첫째, 내 언어로 직접 발신할 수 있다. 자기 생각을 명확하게 드러낼 수 있는 자리가 주어지는 일은 흔치 않다. 먼저 설명했다시피 취재를 받는 형태로 불특정 다수에게 생각을 공개하면 내가 기대했던 그대로 보도되지는 않는다. 특히 '엄마'라는 점처럼 '지금 사회에 어울리는 좋은 이미지'는 당사자가 어떻게 생각하든 순식간에 퍼져 나간다(현재 일본에서는 여성의 사회진출 및 저출산 대책이 요구되고 있다). 내가 엄마라는 정체성을 내세우고 싶지 않아도 "세카이 씨는 엄마 창업가래! 대단하다!"라는 딱지가 붙고 만다.

둘째, 여성에게 주어지는 상을 받으면서 정형화된 여성상에 따르지 않는 태도를 표현하면 갑갑함을 느끼는 많은 여성에게 격려의 메시지가 될 것이라고 생각했다. 현재까지 여성은 세대를 불문하고 세 가지 임무(엄마, 아내, 직업)를 맡아야 한다는 풍조가 강하다. 아이를 낳아 저출산 문제 해결에 기여하고, 일해서 국가에 이바지하고, 가정에서는 좋은 아내가 되어 남편을 내조해야 하는 고난도의 임무를 요구받고 있다.

내가 상을 받음으로써 '엄마라는 카드를 손에 넣지 않아도 가치를 인정받을 수 있다'라는 메시지를 넘어 '굳이 엄마라는 카드를 내세우지 않아도 자기답게 살아갈 수 있다'라는 이야기를 전하고 싶었다.

무엇을 어떻게 전할까? 정답은 없다. 중요한 것은 진지하게 메시지를 전하다 보면 이해하는 사람은 꼭 나타나기 마련이라고 믿으며 시행착오를 반복하는 일이다.

끝으로 내가 올해의 여성상을 수상했을 때 발표한 수상 연설문을 결론 대신 싣는다.

이번에 〈닛케이 우먼〉의 올해의 여성상이라는 큰 상을 받게 되어 참으로 황송합니다.

저는 한낱 인간이고, 미래식당도 자리가 12개뿐인 조그만 정식집입니다. 제가 이토록 대단한 상을 수상할 만한 사람인지는 잘 모르겠습니다. 저는 그저 "당연히 이래야 한다"라고 말하는 세상에 맞서 지금껏 아무도 본 적 없는 새로운 세계를 창조하기 위해 고독한 싸움에 몰두하고 계신 분들을 대신하여 이 상을 받으러 나왔습니다.

이렇게 유명한 상을 받는 일이 저에게는 크나큰 시련과도 같습니다. 왜냐하면 저는 '누구든지 받아들이고, 누구에게나 어울리는 장소'를 목표로 미래식당을 운영하고 있기 때문입니다. 미래식당은 최후의 사회 안전망으로 오직 '당신'을 위해 존재하는 장소입니다.
그런 아담한 장소를 지향하는 제가 큰 상을 받고, 유명인이 되는 쾌락에 빠져버리면 '누구든지 받아들이고, 누구에게나 어울리는 장소'라는 목표가 순식간에 변질되지 않을까요?

많은 분들이 미래식당을 좋아해 주신 덕분에 오늘 이 자리에 서게 되었습니다.

하지만 그것은 목적이 아닌 결과에 불과합니다.

'누구든지 받아들이고, 누구에게나 어울리는 장소'로 향하는 저의 미약한 발걸음은 거센 상찬의 폭풍에 휘말려 당장이라도 날아갈 것 같습니다.

저처럼 미숙한 인간에게 이리도 뜻깊은 시련이 주어졌다는 데 진심으로 감사드립니다.

마지막으로 전하고 싶은 말이 있습니다.

저는 미래식당을 창업하기 위해 회사를 그만두고 파트타임으로 일하며 수련을 쌓았습니다.

그 과정을 보도로 접한 일부 사람들은 "그렇게 마음대로 도전할 수 있는 것도 독신이니까 가능하지"라고 말씀하시더군요. 실은 그렇지 않습니다.

저는 결혼하여 여섯 살 난 아이를 둔 엄마이고, 현재 임신 5개월째입니다.

"도전도 독신이니까 가능하다"라는 의견에 저는 "NO"라고 대답하겠습니다.

그러나 저는 엄마라는 점이 제 정체성을 대변한다고 생각하지 않습니다.

그래서 더 이상 부연할 말은 딱히 없습니다.

환경이 당신의 행동에 브레이크를 걸지는 않습니다.

당신의 행동에 브레이크를 거는 것은 단 하나, 당신의 마음

뿐입니다.

자주 엄습하는 불안

취재 요청을 받고 기대 반, 걱정 반으로 불안해지는 것은 누구
나 똑같다.

취재 기자를 대하는 자세

자신의 생각을 전하고 싶다면 먼저 취재 기자를 '팬'으로 만드는
데 주의를 기울여야 한다.

줏대를 세운다

무엇을 말하느냐보다 무엇을 말하지 않느냐를 결정하는 일이
더 중요하다. 알리고 싶지 않은 부분은 철저하게 감춘다.

상식을
의심하다 ─────────────────────────

데구치 하루아키(라이프넷생명 창업자)

×

고바야시 세카이(미래식당 점주)

나 혼자 이야기하면 재미가 없으니 미래식당의 단골손님
중 한 분인 데구치 하루아키 씨를 모셔 보았다. 라이프넷생명의
전 회장이자 창업자인 데구치 씨와는 라이프넷생명이 발행하는
웹매거진 〈라이프넷 저널 온라인〉에서 대담을 나눈 인연도 있
는지라 이 책에 대한 감상을 직접 여쭈었다.

**근거 없는 정신 승리가 판을 치는 가운데 오랜만에 제대로 된
비즈니스 서적을 만났다**

데구치 세카이 씨는 지금까지 책을 두 권 내셨지요. 첫 번째는
세카이 씨가 미래식당을 창업할 때까지 블로그에 쓴 글을 엮은
책이고, 두 번째는 미래식당의 시스템을 해설한 책이었습니다.
이번에 나온 세 번째 책에는 "고바야시 세카이"라는 사람의 사
고방식과 삶을 대하는 태도가 적나라하게 쓰여 있더군요.
세카이 맞는 말씀이세요. 마치 스스로를 해체하는 것 같았습니
다. 제 입장에서는 대수롭지 않은 생각과 행동이라 언어화하는
작업이 어렵더라고요. 이렇게 쓴 글이 정말 재미있을까 싶기도
해서 편집자님께 몇 번이나 여쭤 봤어요.
데구치 끝내주게 재미있습니다. 사고방식을 시작으로 생각을
실천하는 법, 행동을 지속하는 법, 자기 자신을 알리는 법 그리

고 유명해졌을 때 느낀 부분까지 세카이 씨의 실제 경험을 토대로 솔직하게 털어놓았죠. 굉장히 설득력 있는 책이라고 생각합니다.

요즘 서점에 가면 "여러분이 열심히 일해서 경제가 좋아졌다", "우리는 우수하니까 괜찮다" 등의 꿈같은 소리만 하는 책이 허다합니다. 근거 없는 정신 승리가 말 그대로 판을 치는데, 오랜만에 제대로 된 비즈니스 서적을 만나서 기뻤습니다.

세카이 "꿈같은"이라…(웃음). 저로서는 지극히 당연한 생각을 글로 옮겼을 뿐입니다. 저의 사고가 굴러가는 방식을 설명한 부분이 데구치 씨 마음에 가닿았나 봅니다.

데구치 사고방식이라기보다는 세카이 씨가 생각을 거듭해서 자기 나름대로 이해하고, 단단히 줏대를 세우는 과정이 좋았습니다. 인간이란 이해하지 않으면 행동하지 못하고, 줏대가 없으면 지속하지 못하니까요.

미래식당은 언뜻 평범한 식당처럼 보이지만 사실 세카이 씨가 심사숙고하여 설계한 하나의 세계라는 것을 이 책을 읽고 새삼 깨달았습니다.

시간, 능력, 자원은 유한하다. "중요한 일 외에는 하지 않고", "작업량이 아니라 시간을 결정"한다는 데 완전히 동감한다

세카이 데구치 씨는 2016년 7월에 미래식당을 처음 방문하셨지요. 창업하고 10개월이 지난 무렵이었습니다.

데구치 세카이 씨 아버지하고 나는 같은 대학 세미나에서 함께 공부한 사이랍니다. 동창회에서 만났을 때 "딸이 식당을 창업했다"라는 얘기를 들어서 처음으로 미래식당에 방문하게 됐죠. 직접 방문해 보니 정말로 멋진 곳이라 세카이 씨 책도 찾아 읽었는데 기본적인 사고방식이 나하고 비슷하지 뭡니까. 그래서인지 여기에 오면 마음이 아주 편합니다.

세카이 저도 데구치 씨 책을 읽고 사고방식이 비슷하다고 느꼈습니다. 문제를 분해해서 생각한다든가 규칙을 정한다든가….

데구치 이 책 1장에 '상식을 해체한다'라는 내용이 있어요. 저는 인수분해를 무척 중요하게 여깁니다. 혼자 생각하든 남과 의논하든 가급적 문제를 요소별로 나누어서 머릿속을 정리해요. 본질적으로 무엇이 문제이고 뭘 해야 하는지, 한다면 누가 어떻게 할 것인지 분해해 보고 나서 전체적인 형태를 살펴보는 편입니다.

세카이 시간도 자원도 인력도 유한하니까요. 먼저 핵심부터 파악하고 자기가 잘 못하는 부분은 다른 사람에게 맡겨서 보완하는 것이 당연하지 않나 싶습니다.

데구치 당연한 일을 당연하게 하는 게 정말 어렵다는 느낌이 듭니다. 업무상의 문제는 당연한 일이 불가능할 때 많이 생기더군요.

방금 세카이 씨가 이야기한 '유한하다는 감각'도 중요합니다. 시간이 충분히 있고, 경영 자원과 인력도 충분하고, 열심히 하면 무엇이든 된다는 전제하에 "이렇게 해야 한다!"라고 뻔한 소리를 하는 사람이 얼마나 많습니까. 일과 인생에는 현실적으로 이런저런 제한이 있습니다. 혼자 일하는 데도 한계가 있죠. "시간을 들이면 좋은 결과가 나온다", "다 함께 지혜를 모으면 더 좋은 아이디어가 나온다"는 주장은 잘못되었다고 봅니다.

인간은 그렇게까지 집중력을 유지하지 못합니다. 시간도, 자신의 능력도, 동원할 수 있는 자원과 인력도 전부 유한하므로 그중에서 무엇을 취하고 또 버리느냐가 중요해요. 세카이 씨가 시간을 쓰는 방식을 설명하면서 "중요한 일 외에는 하지 않고", "작업량이 아니라 시간을 결정"한다고 말한 데 완전히 동감합니다.

규칙화하면 이것저것 따지지 않고 하게 된다

세카이 아예 규칙으로 만들어 버리면 이것저것 따지지 않고 하게 되잖아요. 저도 데구치 씨 책에서 "결정했다면 한다", "예외를 두지 않는다"라는 내용을 보고 고개를 끄덕였답니다. "매일 메뉴를 바꾸려면 힘들지 않나요?"라고 많이들 물어보시는데 제가 그렇게 결정했으니까 할 수밖에 없어요.

데구치 인간은 게으름뱅이여서 한 번이라도 예외를 두었다가는 바로 귀찮아집니다. 예외를 허용하면 규칙은 곧장 무너지죠. 저는 절대로 예외를 두지 않습니다.

세카이 공감합니다. 그런데 예외를 허용하지 않는다는 이유로 금욕주의자 같다는 말을 듣지는 않으셨나요? 저는 툭하면 금욕주의자라는 소리를 들어서요. 데구치 씨는 어떤가요?

데구치 나는 금욕주의자도 뭣도 아닙니다. 결정했다면 결정한 대로 움직이는 쪽이 더 편하고, 쓸데없는 생각을 안 하게 되니까 그렇게 하는 것뿐이에요. 예외를 두면 예외를 두기 위해 스스로를 설득해야 하지 않습니까.

세카이 맞아요. 그게 더 편하니까 편한 방식으로 할 따름입니다. 남들 눈에는 다르게 보이는 모양이지만 저는 제가 느긋한 성격이라고 생각하거든요.

데구치 나도 그래요. 난 내가 천하태평이라고 생각하는데 전혀 다르게 보는 사람이 수두룩합니다. 뭐 어쩔 수 없는 일이지요. 내가 보는 나와 남이 보는 나 사이에 차이가 있어도 별로 신경 쓰지 않습니다.

아, 그리고 보니 6장에 제가 이야기한 "2 대 6 대 2의 법칙"이 나오더군요. 비방과 비평에 노출되었을 때 대처하는 방법으로(웃음).

세카이 데구치 씨께 "2 대 6 대 2의 법칙"을 배운 덕분에 마음이 한결 편해졌어요. 데구치 씨의 '신경 쓰지 않는 모습'은 평소 제

롤모델이랍니다(웃음).

사람이 정말 자유로워지려면 상식은 모조리 의심하는 편이 낫다. 상식을 의심하려면 기존의 지식을 철저하게 배워야 한다

데구치 "당신의 행동에 브레이크를 거는 것은 단 하나, 당신의 마음뿐"이라는 말은 곧 '세상의 상식을 좇는 당신의 마음이 행동을 제지'한다는 뜻입니다. 사람이 정말 자유로워지려면 상식이란 상식은 모조리 의심하는 편이 낫습니다. 상식에서 출발하면 변변찮은 결과로 이어지기 십상이지요.

마르크스는 "상식을 의심하라"라고 말했고, "과학은 상식을 의심하는 것에서 시작된다"라고 이야기하는 사람도 부지기수입니다. 단, 상식을 의심하려면 먼저 알아야겠죠. 뭘 알아야 의심도 하지 않겠습니까. 어떤 상식을 뒷받침하는 근거가 무엇인지 스스로 분석하지 않으면 '그냥 이게 싫어서'라는 호불호 평가에 머무르고 맙니다.

이 책 2장에 '기존 지식을 철저히 배운다'라는 내용이 실려 있듯이 상식을 의심하기 위해서는 기존의 지식을 철저하게 배워야 합니다. 어째서 그런 상식이 생겼는지, 그 상식 때문에 무엇이 불편한지를 분석하고 재구성해 볼 필요가 있습니다.

세카이　단순히 상식과 다르기만 해서는 얄팍할 텐데요. 기존의 지식을 밑바탕에 깔지 않으면 새로운 아이디어도 떠오를 리 없고요.

데구치　아주 얄팍한 수로 승부하는 방법도 있긴 합니다. 그렇지만 역시 세카이 씨처럼 차근차근 생각을 쌓아 올려야 다른 사람의 마음을 움직일 수 있다고 생각해요. 얄팍한 생각으로 신기한 일을 벌이면 놀랍기는 해도 금방 질리거든요. 집을 짓듯이 토대부터 착실히 마련해야 생각이든 삶이든 가게든 흔들리는 일 없이 튼튼한 법입니다.

세카이　이 책은 '무언가를 시작하고 싶은' 사람을 대상으로 썼습니다만, 만약 데구치 씨가 이 책을 추천한다면 누구에게 권하고 싶으신가요?

데구치　개인적으로는 앞뒤가 꽉 막힌 고집불통 영감님이 이 책을 읽고 반성했으면 좋겠습니다(웃음). 그런 분은 어쩐지 읽어도 소용없을 듯싶지만, 어쨌거나 책이 훌륭하니 두루두루 권하고 싶네요. 다음 세대를 짊어질 청년들도 읽었으면 좋겠고, 현재 사회를 떠받치는 중견층에게도 추천하고 싶고…. 결국 '모든 사람'이라는 대답이 되겠군요(웃음).

그로부터
1년이 지난 어느 날의 당신에게 ──────────

"진짜 시작해 보려고요"라는 소식을 들은 지 어느덧 1년이 지났습니다. 시간이 참 빠르네요.

아마 이런저런 일이 있었겠지요. '너무 관여하면 참견밖에 안 되지'라는 마음으로 잦은 연락을 드리지는 않았습니다. 앞으로도 그럴 작정이고요.

그러면서도 내내 걱정했답니다. '잘하고 계시려나' 하고요.

저도 참 괜한 걱정이 많은 사람이군요. 1년 전 이맘때는 '드디어 시작하시는구나! 정말 괜찮을까?' 하고 당신을 응원하면서도 조마조마했거든요. 그때 그 마음이 지금까지 이어지고 있는 듯싶습니다.

생각해 보니 우습기도 하네요. 원래 회사원이던 제가 요리 경험도 없으면서 미래식당이라는 정식집을 열겠다고 했을 때, 제 주변 사람들도 얼마나 불안했을까요? 지금 제가 당신에게 느끼는 마음에 비할 바가 아니었을 겁니다. 주위를 걱정으로 몰아넣은 제가 도리어 당신을 걱정하고 있다니. '세카이 씨는 걱정도 팔자라니까!' 하고 웃어넘겨 주세요.

당신에게 도움이 되고 싶어서 지난날을 돌아보며 이 책을 썼습니다. 제 입으로 저를 설명하는 작업은 예상보다 훨씬 어려웠어요. 저의 '보통'은 저에게는 정말 보통이라서 '내 습관과 사고방식을 읽고 재미있어 할 사람이 과연 있을까?'라는 생각에 부끄럽기도 했습니다. 그럼에도 불구하고 '당신에게 티끌만큼

이라도 도움이 될 수 있다면'이라는 마음이 사그라지지 않았습니다. 오직 그 소망만이 제가 이 책을 완성하기까지 걸어온 좁고 어두운 길을 따스하게 비춰 주었습니다.

설령 첫걸음이 불안할지라도 1년이 지나면 그럴듯한 성장을 이룹니다. 저는 그 모습이, 매일매일 성장하는 당신이 참으로 눈부십니다.

사람마다 나아가는 길은 제각각이라 당신과 제가 바라보는 미래 또한 서로 다르겠지요. 그래도 한때 같은 시간을 공유할 수 있어서 행복했습니다. 함께해 주셔서 감사합니다. '오늘도 당신은 힘껏 나아가고 있겠지'라고 생각하면 마음속에 등불이 반짝 켜진답니다.

우리, 이 끝없는 길을 서로서로 걸어갑시다.

지금 당신이 보는 풍경은 어떤 모습인가요? 다음 재회를 고대합니다.

1년이 지난 어느 봄날에

고바야시 세카이

미래식당으로 오세요

초판 1쇄 인쇄 | 2019년 4월 24일
초판 1쇄 발행 | 2019년 5월 1일

지은이 | 고바야시 세카이
옮긴이 | 이해란
발행인 | 이원주

임프린트 대표 | 김경섭
책임편집 | 정상미
기획편집 | 정은미·권지숙·송현경·정인경
디자인 | 정정은·김덕오
마케팅 | 윤주환·어윤지·이강희
제작 | 정웅래·김영훈

발행처 | 지식너머
출판등록 | 제2013-000128호
주소 | 서울특별시 서초구 사임당로 82
전화 | 편집 (02) 3487-1151 · 영업 (02) 3471-8044

ISBN 978-89-527-9912-8 13320